# 전략적 글 읽기

# 전략적 글 읽기

김세림 김승우 박정미 박현진

글누림

세상에 책을 내놓으려 할 때에는 언제나 자기반성이 뒤따르고는 한다. 읽을거리들이 넘쳐 나 무엇을 읽어야 할지 고민할 수밖에 없는 요즘 같은 시대에 굳이 또 하나의 읽을거리를 추가하여 선택의 어려움만 가중시키는 것이 아닌가 하는 걱정 때문이다. 이러한 우려를 갖게 되는 것은 글 읽기의 방법과 전략을 설명하기 위해 기획된 이 책의 경우에도 마찬가지이지만, 그 부담감의 정도는 오히려 더하다.

"한 번 읽은 후 내용이 잘 파악되지 않으면 이해가 될 때까지 반복하여 읽으면 되지 않는가?", "그저 많이 읽고 많이 생각해 보면 글의 이치가 자연스럽게 해득되는 것이지 글 읽기에 무슨 특별한 전략이 필요한가?", "하물며 글을 잘 읽기 위해 부러 시간과 공력을 들여 또 다른 책을 읽어야만 하는가?" 등의 의구심 어린 물음들을 의식하지 않을 수 없기 때문이다.

물론 '백독(百讀) 백습(百習)'이나 '다독(多讀) 다작(多作) 다상량(多商量)'과 같은 선인들의 독서법 내지 학습 방식은 오늘날에도 여전히 유효하다. 읽을거리가 비교적 제한되어 있고 시간적 여유가 충분하다면 한 편의 글에 잠심하여 몇 번이고 그 뜻을 되새겨 보는 것이야말로 가장 훌륭한 글 읽기 방식임이 분명하다. 그러나 누구나 느끼듯이 오늘날 우리는 끊임없이 쏟아지는 다양한 정보와 씨름할 수밖에 없는 현실에 처해 있다. 이른바 '전략적' 글 읽기가 필요한 이유가 여기에 있다.

실상 그와 같은 글 읽기 전략은 이미 여러 경로를 통해 모색되어 왔고, 이 책에서 다루고 있는 전략들 역시도 완연히 새로운 것만은 아니다. 다만 저자들은 학생들이 글을 읽는 동안 흔히 겪게 되는 어려움이 무엇인지, 어떠한 텍스트를 활용할 때 학생들이 글 읽기 전략을 좀 더 효율적으로 학습할 수 있을지 고민을 거듭하여 간명하고도 실질적인 지침서를 엮어 내고자 하였다. 장황한 설명보다는 다채로운 예문과 연습 문제 위주로 짜인 이 책의 편제는 그 같은 고민의 뚜렷한 흔적이라 할 수 있다

강을 건너고 나면 뗏목을 버리라는 경구(警句)가 있다. 뗏목은 수단일 뿐 그것 자체가 목적이 되지는 않는다. 어떤 목적을 이루기 위해 처음에는 그 방법을 부지런히 배워야 하지만, 이러한 과정이 성공적으로 완료된 이후에는 더 이상 방법을 따로 의식하지 않고서도 목적한 곳을 향해 굳건히 나아갈 수 있다. 부디 독자들에게 이 책이 뗏목과 같은 의미가 되기를 소망한다.

2019년 8월 저자 일동

머리말 · 5

## 제1부 글 읽기의 기초

제1장  글 읽기의 의의-왜 읽어야 하나? _ 13
    1. 글 읽기와 삶 … 14
    2. 글 읽기와 글쓰기 … 20


제2장  읽을거리의 종류 - 무엇을, 어떻게 읽어야 하나? _ 25

## 제2부 단계별 독서 방법

제3장  읽기 전 활동-배경 지식 활성화 _ 35
    1. 질문하기 … 36
      1) 제목, 삽화, 도표 등에 대한 단순 질문_37
      2) 위계화된 질문_39
    2. 연상하기 … 40
      1) 자유 연상_40
      2) 연상되는 단어와 그 이유 말하기_42
    3. 예측하기 … 42
      1) 전개될 내용 예측하기_43
      2) 결론 예측하기_44

## 제4장  읽는 중 활동 (1)-내용 확인하기 및 요약하기 _ 55

### 1. 내용 확인하기 … 56

1) 세부 내용 확인 _ 56

2) 줄거리 확인 _ 59

3) 인과관계 확인 _ 61

4) 대상의 특성 확인 _ 63

### 2. 내용 요약하기 … 77

1) 내용 요약의 규칙 : 삭제, 선택, 일반화, 재구성 _ 78

2) 내용 요약의 방법 : 위계적 요약, 도시(圖示) _ 81


## 제5장  읽는 중 활동 (2)-추론적 읽기 _ 107

### 1. 논리적 추론 … 108

1) 전제와 결론의 추론 _ 109

2) 세부 내용과 생략된 내용의 추론 _ 111

### 2. 관계적 추론 … 112

1) 관점 · 태도 · 의도의 추론 _ 113

2) 인과관계 · 상하관계 · 구조의 추론 _ 116


## 제6장  읽는 중 활동 (3)-비판적 읽기 _ 127

### 1. 내적 준거에 따른 비판 … 128

1) 일관성 비판 _ 128

2) 적절성 비판 _ 130

3) 타당성 비판 _ 132

### 2. 외적 준거에 따른 비판 … 138

1) 신뢰성 비판 _ 138

2) 효용성 비판 _ 140

3) 공정성 비판 _ 142

제7장  읽은 후 활동 – 정보 내재화하기 _ 149

    1. 획득 정보 점검하기 … 152

    2. 획득 정보 내재화하기 … 155

    3. 획득 정보 활용하기 … 161

## 제3부  분야별 독서 방법

제8장  인문학 _ 171

    1. 문학(소설·시) … 172

    2. 역사 … 180

    3. 철학 … 184

    4. 미학 … 188


제9장  사회과학 _ 193

    1. 경제학 … 194

    2. 법학 … 198

    3. 사회학 … 202

    4. 행정학 … 206


제10장  자연과학과 기술 _ 211

    1. 생물학 … 212

    2. 천문학 … 216

    3. 기상학 … 220

    4. 기술 … 224


    • 참고 문헌 · 228

# 제1부

# 글 읽기의 기초

# 제 1 장
# 글 읽기의 의의
## — 왜 읽어야 하나?

일찍이 세종(世宗)은 자신의 독서법을 '백독백습(百讀百習)', 즉 한 권의 책을 백 번씩 읽고 그 내용을 백 번씩 공부하는 방식이라고 말하였다. 벤저민 프랭클린(Benjamin Franklin) 또한 "많이 읽되, 많은 책을 읽지는 말라.(Read much, but not many books.)"라는 격언을 남긴 바 있다. 이처럼 세종과 프랭클린은 많은 정보를 얻기보다는 가치 있는 지식을 깊이 있게 탐구하기 위해 노력하였다. 정보의 양이 한정되어 있고 불변의 의의를 지닌 양서(良書)의 범주가 비교적 뚜렷했던 당시에는 이러한 독서 방법이 큰 효과가 있었다.

반면, 오늘날에는 정보의 교체 속도가 대단히 빠르다. 명백히 옳다고 생각해 왔던 과학적 명제가 다른 근거에 의해 한순간에 뒤집히거나, 동일한 사회적 현상이 복수의 전문가들 사이에서 서로 다르게 해석되는 상황도 수시로 목도하게 된다. 이른바 '멀티미디어 시대'라 일컬어지는 오늘날, 우리는 '정보의 바다' 혹은 '정보의 홍수' 속에 살고 있다. 책장을 메운 고전이 교양 있는 가정의 요건으로 인식되던 시대는 이미 지나갔고, 종이 신문을 진열해 놓은 가판조차도 근래에는 찾아보기 어렵게 되었다. 인터넷과 스마트폰 등을 통해 언제 어디서든 마음만 먹으면 대량의 정보에 쉽고 빠르게 접근할 수 있게 된 요즘은 읽고 보고 듣는 활동이 그 어느 때보다도 보편화된 시대이다.

하지만 이 같은 매체 환경의 변화가 반드시 긍정적인 것만은 아니다. 주어지는 정보의 양이 많다고 해서 정보를 습득하고 활용하는 정도도 꼭 그에 비례하여 증가하지는 않기 때문이다. 현대인은 끝없이 제공되는 각종 정보를 만족스럽게 생각하면서도 다른 한편으로는 과다한 정보에 파묻혀 피로감을 느끼기도 한다. 사회가 복잡해진 만큼 새로 습득해야 할 정보의 양이 증가해서이기도 하지만, 어떤 정보가 자신에게 유용한지, 필요한 정보를 어떻게 활용할지 매 순간 고민해야만 하기 때문이기도 하다. 정보를 검색하고 구매하는 데 필요한 시간과 노력이 크게 감소한 데 반해 정보를 세세히 평가하고 비판적으로 수용해야 하는 부담은 대폭 증가한 것이다.

우리가 굳이 글 읽기의 방식을 논의하고 공부해야 하는 이유가 여기에 있다. 많이 읽고 많이 생각하면 글의 논리가 자연스럽게 파악될 수 있다고 선인들은 일컬어 왔지만, 요즘은 많이 읽고 많이 생각하는 것과 더불어 전략적인 읽기까지 이루어져야만 읽기의 본래 목적을 달성할 수 있다. 이 책의 제목에 나타나듯이 4차 산업혁명 시대인 오늘날에는 '전략적 글 읽기'가 반드시 필요한 것이다.

그러한 전략들을 본격적으로 살피기에 앞서, 우선 글 읽기가 어떠한 가치를 지니는지, 그리고 우리에게 왜 글 읽기가 필요한지 보다 근본적인 문제부터 생각해 보기로 하자.


## 1. 글 읽기와 삶

어린 시절부터 우리는 일상생활 속에서 수많은 글을 읽어 왔고 또 앞으로도 여러 종류의 글을 읽게 될 것이다. 전공 지식을 습득하기 위해 전문 학술 서적을 읽기도 하고, 때로는 인기 작가가 쓴 소설을 읽으며 주인공의 상황에 공감하기도 한다. 인터넷 기사나 블로그를 검색하면서 최근의 사건에 관한 정보를 얻는가 하면, 어떤 때에는 단순히 시간을 보내기 위해 재미있는 잡지를 훑어보기도 한다.

이렇게 다양한 계기로 글을 읽기는 하지만, '읽기'라는 활동이 단지 한 순간의 일회적 행위로 끝나는 것은 아니다. 인간은 외부의 자극에 대해 어떤 식으로든 반응을 나타내기 마련인데, 글 읽기는 독자의 반응을 촉발하는 매우 훌륭한 자극제가 된다. 글을 읽는 동안 우리는 글이 전하는 의미나 이미지에 논리적 또는 정서적으로 반응하게 되는 것이다.

그래서 글을 읽는 행위가 일어나는 순간 우리의 지적인 인식 체계와 감성적 구조는 변화를 나타낸다. 기존의 사고력과 상상력이 변화한다는 것인데, 그 대표적인 사례로 인식의 재구조화나 감성의 구체화 등을 들 수 있다. 이 때문에 집중하여 글의 내용을 읽을 때뿐만 아니라, 특별한 부담 없이 무언가를 읽을 때조차도 글 읽기는 그 나름의 가치를 지니게 된다. 그렇다면 그 가치란 구체적으로 무엇일까?

> 어느 곳에서나 인간은 괴로워하고 있으며
> 어쩌다가 행복한 사람도 있기는 하다는 사실,
> 그러한 사실을 굳이 수천 권의 책을 통해서 알아내어야만 하는가?

독일의 문호(文豪) 괴테(Johann Wolfgang von Goethe)가 쓴 희곡 『파우스트(*Faust*)』에 나오는 유명한 대사이다. 파우스트 박사는 수천 권의 책을 읽고서 철학, 법학, 의학, 신학 등 온갖 종류의 학문에 통달한 인물이지만, 인생의 황혼기에 접어들자 그러한 독서가 결국 아무런 쓸모도 없었다며 위와 같이 한탄한다. 남들이 우러러볼 만한 학문적 성취는 이루었으나, 그동안에 육체는 늙고 지친 데다 몸소 체험할 수 있는 인생의 환희와 행복 역시 더 이상 어디에서도 찾을 길이 없다고 느꼈던 탓이다.

파우스트 박사의 위 대사를 어떻게 해석해야 할까? 아마도 글 읽기를 통해 누군가의 입장과 논리를 간접적으로 체험하고 습득할 수는 있지만 그 효용이 크지 않기 때문에 차라리 직접적인 체험을 해 보는 데 공을 들이는 편이 더 바람직하다는 뜻일 듯하다. 책에만 파묻혀 있지 말고 갖가지 삶의 현장을 몸소 찾아가 느껴 보라고 조언하는 이들의 논리도 이와 다르지 않다.

그러나 글 읽기의 가치를 좀 더 폭넓은 견지에서 살펴야 할 필요가 있다. 우리는 숙명적으로 '세상' 속에서 살아가는 존재이다. 여기에서 '세상'이란 우리가 생활하는 물리적 장소이기도 하지만, 또 한편으로는 우리가 힘써 관찰하고 더 나은 곳으로 바꾸어 나가야만 하는 터전이기도 하다. 수동적으로 생존하다가 어느 순간 떠나 버리는 공간이기보다는 그곳에서 벌어지는 일에 관심을 가지고 자기 목소리를 내면서 보다 적극적으로 참여해야 하는 장이기도 한 것이다.

세상에 자기의 생각을 드러내기 위해서는 우선 세상을 부단히 이해하려는 노력이 요구된다. 세상과 직접 부딪혀 가며 견문을 많이 쌓는 것은 물론 필요하지만, 직접 경험만을 추구하기에는 우리의 여건이나 시간이 충분히 허락되지 않을 뿐더러 그러한 직접 경험이 다양하게 이루어질 수 있는 것도 아니다. 내가 처해 있는 구체적인 시공간을 벗어나 완연히 다른 입장과 관점에서 또 다른 체험을 해 보기 위해서는 역시 글 읽기에 의존하지 않을 수 없다.

가령, 어느 탐험가의 여행기를 읽으며 지구 반대편 사람들의 삶의 모습을 흥미롭게 접할 수 있고, 물리학 서적을 정독하며 눈에는 보이지 않는 분자와 원자의 속성을 파악할 수도 있다. 사회적 논쟁거리에 관한 여론 조사 통계를 보면서 나의 견해와 다른 사람의 의견을 견주거나, 한 편의 소설을 읽으며 주인공이 겪는 갈등 상황에 동화되는 것도 모두 다 글 읽기를 바탕으로 얻을 수 있는 가치 있는 체험인 것이다. 그러한 체험을 내면화하면서 세상을 이해하고, 세상을 향해 자기 목소리를 낼수 있는 기반을 확보해 가는 것이야말로 우리가 글 읽기를 통해 얻게 되는 궁극적효과라 하겠다.

그렇다면 앞서 파우스트 박사가 자신의 독서 행위를 쓸모없었다고 푸념했던 이유는 무엇일까? 그것은 독서를 삶의 문제로 연계 짓지 못했기 때문이 아닐까? 그저 눈앞에 보이는 책들을 닥치는 대로 읽고 남들보다 많은 지식을 쌓는 데에만 치중했을 뿐, 그러한 글 읽기를 자신만의 절실한 체험으로 내면화하지 못했기에 위와 같은 절규가 터져 나왔던 것이 아닐까?

　여기에서 우리는 아무리 많은 글을 읽고 다양한 분야의 책을 접하더라도 그것이 내 삶에 끼치는 영향을 진지하게 고민하지 않는다면 공허와 회의감에 빠질 수밖에 없다는 교훈을 얻게 된다. 글 읽기란 결국 나와 세상을 알아가기 위한 통로가 되어야 하기 때문이다.

# 내 인생의 책

　　내 인생의 단 한 권의 책을 고르라고 하면 나는 고를 수가 없다. 딱 한 권의 책을 통해 세상을 바라보는 것만큼 편협한 시각도 없을 것이다. 여러 책을 통해 지금 내가 생각하고 세상을 바라보는 시각을 얻었다고 생각하기에 딱 한 권을 고른다는 것은 쉽지 않다. (…)

　　학교 교과서에나 나오는 소설가라고 생각했던 김동리의 『사반의 십자가』는 기독교인인 나의 청소년 시절에 영향을 미친 작품이다. 막연히 주일 예배에서 설교 시간에나 듣던 예수님이나 『성경』으로만 접했던 예수님의 삶에 대해 소설이라는 형식을 통해 알게 해 준 작품이었다. 신으로서의 예수님과 인간으로서의 예수님에 대해, 제자들과의 관계에 대해 소설만의 심리묘사로 『성경』을 통해 본 예수님과는 또 다른 면을 볼 수 있었다.

　　읽는 책으로서의 의미보다는 연습을 위한 책으로서 활용한 『백세 개의 모노로그』가 있다. 유명한 배우들의 연기 선생으로도 유명한 최형인 씨가 여러 작품 중에서 몇 대목을 발췌한 것으로, 책 제목처럼 연기자들의 연기 연습을 위한 책이다. 이런 책이 전혀 없었을 당시에 이 책을 사 놓고 장음과 단음을 표시해서 입에 볼펜을 물고 발음을 연습했다. 아나운서들도 말이 중요하지만 연기자들에게도 말하기는 중요한 부분이다. 발성이 좋은 배우들이 연기도 잘하는 것처럼 말이다. 최소한 하루에 한 페이지씩은 읽었던 것으로 기억한다.

　　연기자를 꿈꾸며 열심히 연습하던 당시에는 스타니스랍스키의 『배우 수업』을 몇 번이나 탐독했다. 말런 브랜도에 의해 유명해진 매소드 연기는 원래 러시아의 스타니스랍스키에게서 시작되었다. 이는 실제로 역할의 사람의 사람이 되기 위한 방법을 가르쳐 주는 것인데 책은 이론서라기보다는 소설 형식으로 되어 있어 막 연기를 배우는 학생이 어떤 식으로 연기를 하나씩 알아 가고 체득하는지 고민하고 실천하는 내용을 다루고 있다. 연기자를 꿈꾸는 사람이라면 한 번쯤은 꼭 읽어야 할 책이라고 생각한다.

　　10~20대에 읽은 책들은 실용적인 목적으로 책을 읽기 시작하기 전에

읽었던 책들이다. 그밖에 서양의 동양 상인 이야기인 『베니스의 개성상인』, 핵 논란과 함께 애국심을 끓어오르게 했던 『무궁화 꽃이 피었습니다』, 기호학자로 엄청난 지식을 자랑하는 움베르토 에코가 중세 음모론을 추리로 쓴 『푸코의 추』, 90년대에 은희경, 공지영 작가가 쓴 소설들과 너무 유명해서 보게 된 무라카미 하루키의 『상실의 시대』 등등이 있다.

'내 인생의 책'으로 선정하고 소개할 단 한 권의 책은 없지만, 이런 책들이 내 머릿속에 남아 현재 내가 세상을 바라보는 시각을 갖게 되었다고 생각한다. 책을 읽고 나서 머릿속에 남는 것이 없는 것처럼 느껴져도 결국 무의식에 남아 나라는 사람을 규정하는 재료들이 되고 있다.

당신에게는 어떤 책이 그런 존재인가요?

— 이재범, 『책으로 변한 내 인생』

## 실전연습 1

지금까지 읽은 글 가운데 자신의 삶에 큰 영향을 끼친 사례를 생각해 보고, 친구에게 권하고 싶은 책이나 글을 추천해 보자.

## 2. 글 읽기와 글쓰기

우리가 접하게 되는 수많은 지식들은 글의 형태를 띠고 있다. 지난 세월 인류가 축적해 온 소중한 지적 유산들의 태반이 글의 형태로 남아 있고, 현재도 수많은 글이 작성되고 있다.

글 읽기를 통해 다른 사람의 견해와 논리를 배울 수 있다면, 글쓰기를 통해서는 스스로 체험하고 사유한 내역을 표현할 수 있다. 그런데 자기가 느끼고 생각한 것을 정확히 정리하지 못한 사람은 글다운 글을 쓰기가 어렵다. 달리 말하면, 글을 쓰는 행위란 글쓴이가 그 글의 내용을 뚜렷하게 파악하고 있다는 사실을 독자에게 알리는 작업이기도 하다. 더 나아가 독창적인 글을 쓴다는 것은 그동안 다른 사람이 미처 보지 못했던 또 다른 세계를 글쓴이가 발견했음을 뜻하는 것이라 할 수 있다.

이처럼 우리는 글을 씀으로써 본인이 알고 생각했던 내용을 되새기는 한편, 세계와 자신에 대해 더욱 많은 것을 모색하게 된다. 즉, 글쓰기는 자신의 지식과 주관을 글로 표현하는 일일뿐만 아니라 자기 성찰과 지적 탐구를 추동하는 고차원적인 정신적 행위이기도 하다.

가령, 누군가를 좋아하는 마음이 절실한데도 자신의 심정을 글로는 제대로 표현하지 못하는 사람을 떠올려 보자. 누구든 그와 유사한 경험을 한 번쯤은 해 본 적이 있을 것이다. 대개 자기 마음은 자기 자신이 가장 잘 안다고 여기곤 한다. 그런데 그처럼 잘 알고 있는 마음을 왜 글로 적어 내지는 못하는 것일까? 대상에 대해 잘 알고 있는 것과 그것을 글로 표현하는 행위는 서로 무관할까? 실제로 우리는 "생각은 있는데 표현은 잘하지 못한다."라는 말을 흔히 듣게 된다. 이 경우에 글쓰기는 '표현 능력'이라는 기술상의 문제로 치부되기 마련이다.

물론 표현 능력은 글쓰기의 핵심적인 관건 가운데 하나이다. 하지만 그보다 더욱 중요한 요소는 글의 주제가 되는 대상에 대한 깊은 이해이다. 좋아하는 마음이 간절하다고 해서 자신이 그 마음을 잘 이해하고 있다고 말할 수는 없다. 오히려 격정적인 감정에 휩싸여 있을수록 자기 스스로를 객관적으로 바라보지 못하는 상태에 처하게 될 가능성이 높다. 어떤 계기로 좋아하는 마음을 갖게 되었고 좋아하는 대상은 나에게 어떤 의미로 다가왔는지, 또한 그에게 나는 장차 어떠한 존재가 되고자 하는지 등에 관해 찬찬히 성찰하는 동안 마음의 실체가 보다 뚜렷이 드러나게 된다. 그와 같은 바탕이 마련될 때에야 비로소 좋아하는 마음을 한 줄 한 줄 글로 표현해 낼 수 있는 것이다.

결국 글을 쓰는 능력이란 멋진 단어를 떠올리고 유려한 문장을 구성하는 기교를 배우는 것만으로는 획득될 수 없다. 표현 기교는 사람에 따라 다르기 마련이고 연습을 통해 얼마든지 익힐 수 있다. 그보다도, 제대로 된 글을 쓰느냐의 여부는 정연한 사유와 대상에 대한 깊이 있는 이해가 갖추어졌느냐에 따라 판가름되는 것이다. 오랫동안 사람들의 칭송을 받아 온 훌륭한 글들이 모두 그와 같은 요건을 갖추고 있다는 사실은 어렵지 않게 발견할 수 있다.

이러한 측면에서 글 읽기와 글쓰기는 매우 밀접하게 연관된다. 글을 쓰기 위한 바탕을 마련하기 위해서는 세상과 삶에 대한 진지한 성찰이 필요하고, 그 같은 성찰은 글을 읽어 나감으로써 달성될 수 있기 때문이다. 글을 쓰기 위한 목적으로 처음부터 다른 이의 글을 열심히 찾아내어 참고하는 경우도 있다. 그러나 평소 다양한 글을 읽고 사유하는 습관을 들여 놓으면 어느 계기에서든, 어떤 주제로든 짤막한 글 정도는 작성할 수 있는 기반을 닦을 수 있다. 주위에 조리 있게 말을 잘하는 사람을 보면 대개 다양한 독서 체험을 지니고 있는 경우가 많다. 언변과 필력을 어느 정도 타고난 경우도 있겠으나, 설령 그러한 경우일지라도 후천적인 노력과 체험을 통해 진정한 달변가와 명저자가 만들어지는 것이다.

반대로 글쓰기를 통해서 글 읽기의 성과가 강화되기도 한다. 어떤 글을 읽고서 충분히 이해했다고 여겼던 내용도 막상 글로 표현해 보려고 하면 잘 되지 않는 경우가 흔하다. 글을 쓰기 위해 일전에 읽었던 내용을 다시금 곰곰이 생각하며 전후 문맥을 연결 짓고 글쓴이의 의도를 되짚어 보면서 앞서 간과했던 부분들을 채워 나가게 된다. 우리가 독서일기나 독후감을 쓰는 이유도 여기에 있다. 단지 어떤 글을 읽었는지 목록을 만들기 위해서가 아니라 내가 얼마나 글을 이해했는지 점검하고 읽은 내용을 자기화하기 위해서 굳이 독서일기나 독후감을 쓰는 수고까지 감수하는 것이다.

이처럼 글 읽기와 글쓰기는 서로를 보충해 주는 작용을 하므로 어느 것 하나 소홀히 할 수 없다.

# 껍진껍진한 입말로 글쓰기

나는 문학 동네 바깥 사람들이 쓴 글에 관심이 많다. 명배우 김명곤(지금은 국립극장장)의 책 『꿈꾸는 통소쟁이』는 내 손으로 만들기까지 한 책이다. 하지만 김명곤은 외국문학을 공부하고 잡지 기자를 지낸 사람이니 문학 동네 바깥 사람이라고 할 수는 없다. 가수 양희은의 책 『이루어질 수 있는 사랑』과 조영남 형의 『놀멘놀멘』 정도는 되어야 문학 동네 바깥 사람들의 책이라고 할 수 있다. 내가 이런 책에 관심을 가지는 데엔 까닭이 있다. 아무 까닭도 없이 쌍나팔 불고 나서는 것이 아니다.

어떻게 하면 글을 잘 쓸 수 있지요, 라는 질문을 나는 자주 받는다. 내가 글을 잘 써서 이런 질문을 자주 받는 것이 아니고, 글 쓰는 일을 아주 직업으로 삼고 있기 때문일 것이다. 이런 질문을 받으면 나는, 생각나는 대로, 말하고 싶은 대로 쓰면 초단(初段)은 되어요, 하고 대답한다. 그런데 이게 제대로 되지 않아 초보자의 입단(入段)은 번번이 좌절되고 만다. 되풀이해서 쓴다. 생각나는 대로, 말하고 싶은 대로 쓰기만 하면 초단은 된다. 이렇게 쉬운 것을 왜 여느 사람들은 하지 못하는가? 유식해 보이고 싶어서 폼 나는 어휘를 고르고, 멋있게 보이고 싶어서 제 생각을 비틀다 제 글의 생명이라고 할 수 있는 생각을 놓쳐 버리기 때문이다. 도올 김용옥의 글을 읽을 때 유의해야 할 것은 그가 구어체 문장을 쓴다는 점이다. 그의 책은 내용이 어려운데도 술술 읽힌다. 그의 책에 '빌어먹을 놈', '쥐둥아리를 놀려대는가', '씹어제키는 김용옥', '무데뽀' 같은 속어나 비어들이 생짜로 실리는 것은 생각나는 대로 쓰고, 말하고 싶은 대로 쓰기 때문이다. 그런 말을 쓴다고 도올을 비난하는 사람들, 뭘 모르는 사람들이다. 이런 글을 읽을 때는 속어, 비어에 묻어 있는, 쓴 이의 '껍진껍진한 느낌'까지도 읽어야 하는 것이다.

내가 문학 동네 바깥 사람이었던 조영남 형의 글을 꼼꼼하게 읽는 것은 시종일관, 생각나는 대로, 말하고 싶은 대로 쓰는 구어체, 즉 입말글이기 때문이다. 나는 까다로운 문법가늘과는 달라서 구어체로 쓰인 문장의 부적절한 표현 같은 것은 문제 삼지 않는다. 중요한 것은 구어체 문장에 실린 생각이지 글 자체는 아닌 것이다. 문어의 구어화(口語化), 이것은 내가 오래전부터 풀고 있는 숙제다. 이 현상은 영어에서 먼저 나타나기 시작했다. 미국의 대학신문은 사설조차도 구어체로 쓴다. 기사는 말할 것도 없다. 우리 젊은 층에서도 나날이 확산되고 있다.

구어체로 시부렁거리듯이 쓰기만 하면 다 잘 쓴 글이라고 할 수 있는가? 그게 아니라서 나는 '초단'이라는 말을 쓴 것이다. 조영남이 쓰는 글, 때때로 배꼽 잡아 가면서 그냥 읽어 버리는 것도 또 한 독법이겠다. 하지만 내 눈에는, 그가 구어체 글쓰기의 총대를 메고 있는 것 같다.

구어체로 글쓰기. 이 양반, 아무래도 구어체 글쓰기의 고단자 같다.

— 이윤기, 『조르바를 춤추게 하는 글쓰기』

### 실전연습 1

위의 글을 참고하여, 자신이 글을 쓰는 동안 겪게 되는 어려움을 아래에 적어 보자. 그리고 좋은 글을 쓰기 위해 갖추어야 할 자질이 무엇인지 생각해 보자.

# 제 2 장
## 읽을거리의 종류
### — 무엇을, 어떻게 읽어야 하나?

오랫동안 '글 읽기'라고 하면 많은 이들이 '책 읽기', 즉 '독서'를 연상하여 왔다. 그러나 '멀티미디어 시대'라는 말에서 드러나듯이 요즘에는 읽을거리가 훨씬 다양하다. '드라마 읽기, 도표 읽기, 광고 읽기, 시사 읽기' 등 우리가 그동안 읽을거리로 여겨 왔던 범위를 넘어서는 것들도 읽기의 대상이 된 지 오래다. 활자화된 문자는 물론 디지털화된 문자, 더 나아가 그림이나 영상, 사건까지도 읽기의 대상으로 인식되고 있는 것이다.

이러한 시대에 걸맞게 우리는 읽기의 본질을 조금 더 깊이 있게 생각해 보아야 할 필요가 있다. 읽기란 매체를 통해 획득할 수 있는 지식과 가치를 자기화하는 일련의 행위이다. 그리고 이 과정에는 여러 가지 정신적 작용이 뒤따른다. 단순히 글의 표면적인 의미를 파악하는 데 그치지 않고, 저자의 의도를 비판하거나, 감추어진 정보를 추론해 내거나, 앞으로 전개될 내용을 예측하거나, 정서적 감흥을 느껴 가면서 능동적으로 글을 읽어야 한다.

위와 같은 여러 정신적 작용 가운데 특히 어느 쪽에 주안을 두고 글을 읽느냐는 글의 특징에 따라 달라질 수 있다. 읽기의 대상이 무엇인가에 따라서 글에 접근하는 방법도 달라져야 하는 것이다.

　글은 서술 방식에 따라 설명, 논증, 묘사, 서사로 나뉜다.

　설명적인 글이란 어떤 사실이나 대상을 독자들에게 이해시키기 위한 목적으로 쓰인 글을 말한다. 일상생활에서 가장 흔히 발견되는 서술 방식이 바로 설명인데, 일례로 우리가 접하는 대부분의 교과서는 설명의 서술 방식을 취하고 있다. 독자들은 설명적인 글을 읽으며 해당 주제에 관한 지식이나 정보를 얻는다.

　효과적으로 설명을 하기 위해서 글쓴이는 정의, 예시, 비교, 분류, 분석과 같은 여러 가지 하위 방법을 동원하기도 한다. 설명적인 글을 읽을 때에는 내용을 정확히 파악하는 데 우선 집중해야 하지만, 설명이 객관적으로 이루어지고 있는지 그 신빙성도 가늠해 보아야 한다.

　논증적인 글은 글쓴이의 주장을 독자들에게 설득하기 위한 글이다. 논증은 감정보다는 이성에 호소하여 주장을 논리적이고도 조리 있게 서술하는 방식이지만, 그 주장에는 글쓴이의 가치관과 사고가 투영되어 있기 때문에 다분히 주관적인 성격이 나타날 수밖에 없다.

　따라서 논증적인 글을 읽을 때에는 글쓴이가 주장하는 내용과 그 주장을 전개하는 방식이 모두 합당한지 비판적인 시각으로 글을 점검해야 한다. 특히 글쓴이가 자신의 견해를 무리하게 앞세우고 있지는 않은지, 그 과정에서 논리적 오류가 발생하고 있지는 않은지 여부를 가려내야 할 필요가 있다. 예컨대 사안을 성급하게 일반화하는 사례, 모호한 개념을 활용하는 사례, 인과관계가 불분명한 해석을 시도하는 사례, 논점과 어긋난 근거를 제시하는 사례 등이 논증적인 글에서 흔히 발견되는 오류이다.

　묘사는 대상의 외형적 특징을 글로 그려내듯이 보여 주는 서술 방식이다. 대상의 특징이란 우리 몸의 여러 감각 기관을 거쳐 인지되기 마련이다. 따라서 묘사에는 시각, 후각, 청각, 미각, 촉각적 감각과 관련된 표현이 빈번하게 활용된다. 이러한 감각들을 동원하여 지금 이곳에는 없는 무언가를 글로 생생하게 재현해 내는 것이야말로 묘사의 본질이라 할 수 있다.

묘사는 대상을 대하는 글쓴이의 태도에 따라서 과학적 묘사와 문학적 묘사로 다시 나누기도 한다. 전자가 실용적 용도로 쓰기 위해 객관적인 시각에서 대상을 관찰하여 제시하는 데 주력하는 묘사라면, 후자는 예술적 용도로 쓰기 위해 주관적 견지에서 대상을 파악하여 심미적으로 표현하는 데 목적을 두는 묘사이다. 전자의 경우에는 간명하고도 체계적으로 묘사가 이루어지고 있는지 살피면서, 후자의 경우에는 예민한 통찰력과 섬세한 언어가 발견되는지 음미하면서 각각 글을 읽어야 하겠다.

서사는 어떤 사건이나 상황의 전개 과정을 시간의 흐름과 연계 지어 서술하는 방식을 말한다. 특정 시점의 상황과 그 이후 어느 시점의 상황 사이에 큰 격차가 존재할 때 우리는 그것을 하나의 사건이라고 부른다. 서사에서는 그러한 사건을 다루되, 처음의 상황과 끝의 상황 사이에 놓인 수많은 연결 고리들을 글쓴이 나름의 방법으로 조직하여 독자에게 내보인다. 묘사가 대개 정지된 하나의 정경을 대상으로 삼는 데 비해, 서사는 상황의 변화를 다룬다는 점에서 차이가 있다.

서사적인 글을 읽을 때에는 사건을 다루는 글쓴이의 관점이 일관되게 유지되는지, 사건 진행의 속도가 적절히 조절되고 있는지, 사건의 전말이 인과론적으로 자연스럽게 연결되는지 살펴야 할 필요가 있다. 특히 소설과 같은 문학 작품에 포함되어 있는 서사적 부분을 읽을 경우에는 인물들 사이의 관계나 갈등이 해당 사건 속에서 어떠한 방식으로 드러나는지 따져 보아야 한다.

한편, 글의 목적이 무엇이냐에 따라서도 읽을거리를 분류할 수 있는데, 흔히 실용적인 글, 논리적인 글, 정서적인 글로 대분류를 한 후, 그 안에서 다시 하위분류를 하는 방식이 통용된다.

실용적인 글은 말 그대로 실용적인 목적을 달성하기 위해 짓고 읽는 글을 뜻한다. 우리는 일상생활 속에서 여러 형태의 실용적인 글을 직접 쓰거나 접할 기회를 갖게 된다. 이 부류의 글 가운데 대표적인 것으로는 일기문, 서간문, 보고문, 기사문, 광고문, 식사문 등을 들 수 있고, 그밖에 규약문, 초대장, 자기소개서, 이력서 등도 모두 실용적인 글에 해당된다.

이러한 글들은 실생활의 필요에 의해서 지어지므로 기본적으로는 사실을 있는 그대로 정리하여 옮겨 놓는 성격을 갖는다. 물론 일기문이나 서간문은 개인의 정서가 많이 개입되어 문학적인 글에 가까워지는 경우도 있지만, 실용적인 글은 개성적이고 창조적이기보다는 실제 사실을 충실히 반영하여 정확하고도 간명하게 작성하는 것이 일반적이다.

실용적인 글 가운데 보고문을 읽을 때에는 내용의 객관성, 정확성, 구체성을 함께 판단해야 한다. 특히 보고문에는 도표, 도해, 사진을 비롯한 각종 자료가 함께 제시되는 경우가 많으므로 글뿐만 아니라 자료까지도 빠짐없이 읽는 자세가 필요하다. 아울러 보고문의 말미에 부기되는 보고자의 해석과 견해 역시 비판적으로 살펴야 한다.

기사문을 읽을 때에는 육하원칙을 되새기면서 요점을 파악해야 한다. 기사문은 사실을 정확히 반영한다고 생각하기 쉬우나, 기자와 언론사의 관점에 따라서 같은 현상이라도 다른 논조로 기술되기 마련이므로 내용의 사실성과 객관성을 판단하며 읽어야 한다. 동일 사건을 다룬 복수의 기사문을 견주어 가면서 읽는 것도 권장할 만한 방법이다.

인터넷 홈페이지나 블로그 등에서도 여러 실용적인 글들을 손쉽게 찾아볼 수 있다. 인터넷을 통해 다양하고 풍부한 자료를 신속하게 얻을 수 있지만, 이 경우 유념해야 할 사항도 적지 않다. 인터넷 환경에서는 누구나 글을 쓰고 정보를 전달할 수 있는 만큼 사실 관계가 확인되지 않은 정보나 주관적인 해석이 널리 확산될 위험이 상존한다. 또한 출판 시점이 명확한 서적과는 달리 인터넷 정보는 수시로 변개될 수 있으므로 인터넷에서 획득한 정보를 인용할 때에는 그 출처와 시점을 명확히 밝혀야 하겠다.

다음으로, 논리적인 글은 주장이나 설득을 목적으로 하는 글을 말한다. 논술문이 대표적인 부류인데, 신문 및 방송사에서 내보내는 사설과 칼럼이 우리 주변에서 흔히 접할 수 있는 논술문이다. 그밖에 예술 작품이나 특정 사안을 분석하고 평가하기 위해 작성하는 평론도 논리적인 글의 또 다른 종류이다.

사설이나 칼럼 등의 논술문은 논증의 방식으로 서술되는 것이 일반적이다. 따라서 논술문을 읽을 때에는 무엇보다도 글의 구조와 내용을 정확히 파악해야 하며, 동시에 글쓴이의 주장과 의견을 정리하면서 논리의 정연성, 근거의 타당성 등을 비판적으로 되짚어 보아야 한다. 자신의 의견을 관철하기 위해 어려운 용어와 전문 지식을 남발하여 독자를 현혹하는 경우도 종종 있으니, 잘 이해되지 않는 내용이 발견되면 사전이나 편람 등을 적극 활용해야 할 필요도 있다.

평론은 대상의 가치를 평가하는 글이므로 글쓴이의 주관이 개입될 수밖에 없으나, 그러한 주관을 다양한 근거를 통해 뒷받침한다는 점에서 논리성이 매우 강조되는 부류이다. 특히 문학 평론, 미술 평론, 영화 평론 등과 같은 글에서는 단지 내용만을 추구하기보다는 유려한 문체와 심오한 직관을 가미하여 한 편의 작품에 상당하는 성취를 이루기도 한다. 따라서 평론을 읽을 때에는 내용뿐만 아니라 그 문체와 표현에도 유념해야 한다.

끝으로 정서적인 글이란 인간의 삶과 각종 체험을 논리보다는 정감에 기반을 두고 형상화한 글을 말한다. 문학 작품이 정서적인 글의 대표적인 사례이다. 문학의 갈래를 나누는 방식은 문화권에 따라 제각각이지만, 가장 크게는 운문과 산문으로 양분한다.

운문은 운율, 즉 리듬감을 지닌 글을 통칭하는 개념인데, 고대에는 동서양을 막론하고 대부분의 문학 작품을 운문으로 썼지만, 근대 이후의 문학에서는 시만을 운문으로 짓는 것이 보통이다. 여러 정서적인 글 가운데에서도 가장 정서적인 글이 시라 할 수 있다. 시는 시인의 내밀한 체험에 바탕을 두며, 그 언어 역시 극도로 개인적이다. 또한 시에서는 즉각적인 이해를 지연시켜 독자로 하여금 곰곰이 그 의미를 반추하도록 유도하기 위해 생략, 비유, 상징 등의 '낯설게 하기' 전략을 구사하곤 한다. 따라서 성급하게 시의 의미를 파악하려 서두르지 말고 자신의 경험과 연관지어 매 구절을 곱씹어 보는 읽기 전략이 필요하다.

산문은 운율을 고려하지 않고 짓는 글을 뜻한다. 오늘날에는 소설, 희곡과 같은 문학 작품을 산문으로 짓는다. 소설과 희곡은 오랜 시간에 걸쳐 갈래의 특징이 정립되었기 때문에 작품을 쓰고 감상하는 방식에 어느 정도의 관습이 존재한다. 따라서 작품을 읽어 가면서 그러한 관습을 익히는 연습이 요구된다. 같은 작품을 읽고서도 어떤 사람은 작품에 대해 많은 이야기를 하고 또 어떤 사람은 그저 줄거리만 겨우 정리하는 정도의 차이를 보이는데, 그러한 차이는 갈래의 관습에 어느 정도 익숙해져 있느냐의 문제와도 연관된다. 아울러 소설과 희곡에는 인물들 사이의 갈등이 개재되어 있으므로 갈등의 원인과 해결 과정을 정리하면서 작품을 읽어야 하겠다.

# 옛 선비들의 독서 방법

　무릇 독서를 함에는 절대로 서둘러 의문을 깨치려 들면 안 된다. 단지 마음을 가라앉히고 뜻을 오로지해서 읽고 또 읽는다. 의문이 없어도 걱정하지 말고, 의문이 있으면 되풀이해서 살피고 탐구한다. 반드시 문자에만 집착할 일도 아니다. 혹은 일에 응하는 가운데 이를 징험해 보고, 혹은 잠겨 노니는 중에 구해 본다. 빨리 가거나 걸어가거나, 앉았을 때나 누웠을 때나, 수시로 살피고 탐색한다. 쉬지 않고 이렇게 하면 통하지 않는 경우가 드물다. 설령 통하지 않더라도, 이 같은 탐색을 먼저 한 뒤에 남에게 묻는다면 말이 떨어지기가 무섭게 그 자리에서 깨달을 수가 있다.

　　　　　　　　　　　　　　　　　　　　　　— 홍대용(1731~1783), 「여매헌서與梅軒書」


　근래에 일과를 정해 놓고 독서를 하다 보니 네 가지 유익한 점이 있음을 깨달았다. 이 유익한 점은 정밀하고 미묘한 내용을 널리 알게 된다거나, 옛 일에 대해 통달한다거나, 뜻과 재주에 보탬이 된다는 것 등과는 전혀 상관이 없다. 첫째 배가 고플 때 책을 읽으면 소리가 두 배는 낭랑해져서, 담긴 뜻을 음미하느라 배고픈 줄도 모르게 된다. 둘째, 조금 추울 때 책을 읽으면 기운이 소리를 따라 흐르고 돌아 몸속이 편안해지니 추위를 잊기에 충분하다. 셋째, 이런저런 근심으로 마음이 괴로울 때 책을 읽으면 눈이 글자에만 쏠려 마음이 이치와 하나가 된다. 오만 가지 생각들이 어느새 사라지고 없다. 넷째, 병으로 기침할 때 책을 읽으면, 기운이 시원스레 통해 아무 걸림이 없어져서 기침소리도 문득 멎는다. 덥지도 춥지도 않고 배고프지도 배부르지도 않으면 마음이 아주 화평해지고 몸도 건강하다. 여기에 더해 등불은 밝고 창은 환한데 훌륭한 책이 앞에 놓여 있고 책상과 자리가 깨끗하기까지 하다면 읽지 않고 배길 수 있겠는가? 하물며 뜻이 높고 재주가 뛰어난 데다, 나이가 젊고 기운마저 굳센 사람이라면 책을 읽지 않고 다시 무엇을 하겠는가? 무릇 나의 동지들은 힘쓰고 힘쓸지어다.

　　　　　　　　　　　　　　　　　　　— 이덕무(1741~1793), 『이목구심서耳目口心書』

일찍이 마음이 공정치 못한 사람은 책을 읽어도 소용이 없다고 어떤 사람이 말하는 것을 들었다. 이제 와 보니 정말 그렇다. 예를 들어 성인(聖人)의 경전을 풀이할 때에는 한결같이 자기 자신은 두지 않고, 온전히 마음을 내맡겨 단지 그 도리만을 붙들어 옳고 그름을 스스로 살펴야 한다. 그저 문자만 보게 되면 스스로 옛 습속에 얽매여 점검할 곳을 잃고 만다. 온전히 자기의 사사로운 뜻만 붙들고서 성현의 글을 본다면 어떻게 얻을 수가 있겠는가?

— 양응수(1700~1767), 「독서법讀書法」

**실전연습 1**

위에 제시된 선인들의 독서 방법을 오늘날 어떻게 적용할 수 있을지 이야기해 보자. 어떤 점을 계승할 만하고, 어떤 점이 시대에 맞지 않은지 생각해 보자.

제 2 부

# 단계별 독서 방법

제 3 장

# 읽기 전 활동

## - 배경 지식 활성화

 기초 다지기

글을 읽는 것은 글쓴이와 대화를 나누는 것이다. 한 편의 글을 읽을 때 독자는 글쓴이가 말하고자 하는 것을 받아들이기 위해 자기 나름대로 노력을 하게 된다. 대화를 한다는 것은 상대방의 말의 의미를 생각하고 자신의 생각과 비교하여 수용 여부를 결정하는 것이다. 이와 같이 독자는 글을 읽으면서 글의 의미를 생각하고 글쓴이의 생각과 자신의 생각을 비교하며 무언의 대화를 나누게 된다.

이렇게 글쓴이와 대화를 나누기 위해, 즉 글을 이해하고 받아들이기 위해 글 자체가 필요함과 동시에 독자는 자신의 스키마(schema)를 동원하게 된다. 예를 들어 "중년의 남자가 신문광고란에 나와 있는 가발광고를 유심히 읽고 있었다"라는 문구를 접하였을 때 우리는 그 남자가 대머리일 것이라 짐작하게 된다. 우리는 이미 가발이 누구에게 필요한 것인가를 알고 있기 때문이다. 그러므로 가발광고를 보고 있는 그 남자의 모습까지 상상해 낼 수 있는 것이다. 드라마를 보면서도 '부유한 저 남자와 가난하지만 착한 저 여자의 사랑이 많은 고난과 역경을 겪겠구나' 하는 식의 짐작을 하는 것도 그동안 우리가 많은 드라마를 보며 스키마를 키워왔기 때문이다.

글을 읽기 전에도 우리는 글의 제목이나 목차를 보면서, 또는 글을 읽어 나가면서 여러 가지 '짐작'을 하게 된다. '이 글은 무슨 내용이겠구나' 또는 '그 다음은 어떻게 진행되겠구나' 하는 등등. 이렇게 짐작하는 가운데 우리는 글이 내 짐작과 맞는지, 또는 다르게 진행되는지 호기심을 가질 수 있게 되어 글에 빠져들 수 있다. 만일 자신의 예감과 적중했다면 그 일치감에서 오는 즐거움 또한 대단할 것이며, 일치하지 않았을 때의 충격적 반전 또한 독자에게 큰 재미를 불러일으키게 된다. 그러면서 동시에 읽어나가는 책의 내용들은 독자 자신에게 또 다른 스키마를 형성할 수 있는 자료가 된다.

그러므로 스키마가 충분할수록 글의 내용을 더 잘 이해할 수 있으며 내용에 언급되지 않은 내용이나 앞으로 전개될 사건에 대한 예측 등과 같은 추론 활동은 제시된 글 내용을 보다 더 명료하게 이해하는 데 도움이 될 뿐만 아니라 이해한 내용의 기억에도 도움이 된다.

그러므로 읽기 전 활동으로서 독자들의 기존 스키마를 활성화하는 것은 매우 효과적인 독서 활동이라 말할 수 있다. 이렇듯 읽기 전 활동으로서의 스키마 활성화는 읽고자 하는 글에 호기심을 자극하여 글에 대한 흥미 유발과 함께 글 전체를 이해하는 데 근간을 이루게 된다.

## 1. 질문하기

 **전략 익히기**

'질문'은 스키마 진단의 가장 일반적이면서도 포괄적인 형식이다. 글의 내용을 짐작케 하는 질문을 본인 스스로에게 던짐으로써 가설적 지식 구조인 스키마를 활

성화시키게 되는데, 이는 곧 새로 접하게 되는 글의 내용과 자신이 가진 기존 지식과의 상호 작용을 활발히 이루어 주기 때문에 학습을 증진시키게 된다. 다시 말해 '이 글은 어떻게 진행될까?' 또는 '이 글은 어떤 내용일까?' 등의 질문을 통해 짐작을 하게 되고 그 짐작이 일치하는지 그렇지 않은지를 밝히려는 생각이 독서에 대한 흥미유발과 자극제가 되는 것이다. 즉 읽기 전 질문은 목표 제시와 같이 독서 내용을 미리 소개하여 독자에게 흥미와 자극을 주게 되고, 이렇게 독자는 질문과 상응하는 해답을 찾는 인지 전략을 선택하여 집중을 하게 된다. 여기에는 글의 제목이나 글에 나와 있는 그림, 도표 등에 대한 단순 질문에서부터 좀 더 위계화된 질문으로까지 심화할 수 있다.

## 1) 제목, 삽화, 도표 등에 대한 단순 질문

읽을 책을 고르려 할 때 우리가 제일 먼저 접하게 되는 것이 바로 제목이다. 제목을 보며 그 글의 내용을 짐작하게 되는데 이때 자신의 스키마를 활용한다. 자신에게 간단한 질문을 함으로써 독자 스스로가 자신이 지닌 스키마를 활성화하는 것이다. 그리고 그림이나 도표는 글의 세부적이고 부분적인 내용을 독자와 연결시키는 중간 매개체 역할을 하게 하는 것이다.

**차가운 타일 바닥**

우선 생각나는 것은 가스 요금을 안 내서 난방이 끊어진 경우입니다. 그게 아니라면 도기로 된 타일이 욕실 밖에 놓인, 같은 온도의 매트보다 열을 더 잘 전달하기 때문입니다.

어떤 물체가 다른 물체보다 차갑게 느껴지는 것은 흔히 있는 일입니다. 사람들은 쇠로 된 칼날이 주변 물체들보다 더 차갑다고 생각합니다. 칼날을 만져보면 정말로 차갑게 느껴집니다.

그러나 실제로 더 차가운 것은 아닙니다. 쇠로 된 칼날과 욕실 타일은 방안에 있는 다른 물체보다 눈곱만큼도 더 차갑지 않습니다. 단지 그렇게 느낄 뿐이죠.

∴ **여러 가지 물체의 열전도율(공기를 1로 함)**

| 공기 | 1 | 화강암 | 130 |
|---|---|---|---|
| 고무 | 6 | 스테인리스스틸 | 600 |
| 나무 | 6 | 철 | 3,300 |
| 물 | 24 | 알루미늄 | 9,500 |
| 유리 | 30~40 | 구리 | 16,000 |
| 도기타일 | 40 | 은 | 17,000 |
| 대리석 | 70~120 | | |

— 로버트 L. 월크 『아인슈타인이 이발사에게 들려준 이야기』

우리가 위와 같은 글을 접했다고 하자. 먼저 우리는 제목을 보고 자신에게 질문을 하게 될 것이다. '차가운 타일 바닥이라고?'라며 곧바로 맨발로 타일 바닥을 디뎠을 때의 느낌을 떠올리게 될 것이다. 그리고 바로 '무슨 내용을 말하려는 거지? 타일 바닥이 차가운 이유?'라는 질문을 던지게 될 것이다. 이러한 질문들은 독서를 시작하는 우리에게 충분한 호기심을 유발시킨다. 또한 그림을 보면서 '뭐지? 왜 화분과 플래시를 들고 있는 거지? 어느 것이 더 차가운지 알아보는 걸까?', 또는 도표를 보면서 '열전도율이 뭐였지?' 등 갖가지 질문들을 통하여 자신이 가지고 있는 배경 지식을 통하여 글의 내용을 이리저리 추측하여 보는 활동을 하게 된다. 이렇게 우리는 제목, 그림, 도표를 통하여 글의 내용을 다 보기 전에도 글의 내용을 짐작하게 되고 그것에 대한 궁금증을 해소하고자 글을 읽게 된다.

## 2) 위계화된 질문

위계화된 질문이란 단순 질문을 넘어서 순차적으로 제시된 질문을 함으로써 독자 자신의 스키마를 꺼내어 글을 읽게 함은 물론, 독자가 이미 가진 지식을 순차적으로 정리할 수 있게 하는 질문방식이다. 다시 말해 그저 짐작에서 그치는 것이 아니라 깊이 있는 생각을 통하여 글의 내용을 좀 더 심화해 나갈 수 있는 상태를 만들어 놓게 되는 것이다.

### 미리 쓰는 유서

죽게 되면 말없이 죽을 것이지 무슨 구구한 이유가 따를 것인가. 스스로 목숨을 끊어 지레 죽는 사람이라면 의견서(유서)라도 첨부되어야겠지만, 제 명대로 살 만치 살다가 가는 사람에겐 그 변명이 소용될 것 같지 않다. 그리고 말이란 늘 오해를 동반하게 마련이므로, 유서에도 오해를 불러일으킬 소지가 있다.

그런데 죽음은 어느 때 나를 찾아올는지 알 수 없는 일이다. 그 많은 교통사고와 가스 중독과 그리고 원한의 눈길이 전생의 깊음으로라도 나를 쏠는지 알 수 없다. 우리가 살아가고 있다는 것이 죽음 쪽에서 보면 한 걸음 한 걸음 죽어 오고 있다는 것임을 상기할 때, 사는 일은 곧 죽는 일이며, 생과 사는 결코 절연된 것이 아니다. 죽음이 언제 어디서 내 이름을 부를지라도 "네" 하고 선뜻 털고 일어설 준비만은 되어 있어야 할 것이다.

— 법정, 『무소유』

위의 글을 접했을 때 우리는 '유서? 자살한 사람의 증거물?'이라는 제목과 관련한 단순 질문을 할 수도 있을 것이다. 그러나 '죽기 전에 미리 써보는 유서라면?', '내가 만일 지금 유서를 쓴다면 무슨 내용을 쓸까?', '유서를 쓴다면 후회되는 일은 무엇일까?', '인생을 되돌아보게 하는 것이 유서라면 유서를 쓰고 난 다음 나는 어떻게 변할 것인가?' 등 좀 더 순차적으로 내면을 심화시키는 질문을 할 수도 있을 것이다. 글을 좀 더 깊이 있게 받아들일 자세를 마련해 준다고 볼 수 있다.

## 2. 연상하기

 **전략 익히기**

'연상'이란 하나의 관념이 다른 어떤 관념을 불러일으키는 심리 작용이다. 독자들은 연상을 통하여 자신이 지닌 스키마를 알 수 있게 된다. 즉 독자는 글의 제목 등을 통해 그 주변적인 의미를 불러일으켜 스키마를 활성화하게 된다.

### 1) 자유 연상

연상하기에서 가장 기본이 되는 것으로, 독자들에게 자연스럽게 연상할 수 있도록 하고, 그 연상된 것을 자유롭게 표현하게 함으로써 스키마를 활성화시키는 방안이다.

### 소풍의 감동을 기리며

먹고 살기 급급한 때가 있었다. 살기 위해 먹는 처지에 좋은 것과 나쁜 것, 마음에 들고 들지 않고를 가릴 형편이 되지 않았다. 하지만 요즘 우리는 단지 배를 채우기 위해서 음식을 먹지는 않는다. 좋아하는 음식을 찾아서 맛을 본다는 건 바로 소풍과 같은 것이다. 가기 전날부터 가슴이 설레고 살짝 땀이 배도록 걸어서 가는 수고도 마다하지 않으며 담소를 나눌 동무들이 있으면 더욱 좋다. 보물찾기처럼 예상치 않았던 것을 얻는 행운을 만날 수도 있다.

음식을 먹고 나누고 이야기하는 것, 이 모두가 '음식'이라는 말로 뭉뚱 그려진다고 할 때 음식은 추억의 예술이며 눈·귀·코·혀·몸·뜻의 감각 총체 예술이다. 음식에 관한 기억과 그에 관한 이야기는 필연코 한 개인의 본질적인 조건에까지 뿌리가 닿아 있다.

— 성석제 『소풍』

제목에 나오는 '소풍'이라는 단어로 자유 연상을 해 보자. '소풍'으로 자유 연상한 아래의 연상들은 우리의 경험에서 비롯된 배경 지식에서 나온 단어들이다. '소풍'에 대한 자유 연상은 우리 머릿속에 돌아다니던 수많은 지식들을 '소풍'과 연결시켜 생각하게 하고, 이런 연결이 글을 읽기 전 독자 자신이 가지고 있는 배경 지식을 더욱 활용할 수 있도록 할 것이다.

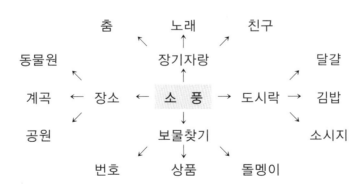

### 2) 연상되는 단어와 그 이유 말하기

연상되는 단어와 그 이유를 이야기함으로써 글의 핵심적인 단어와 관련하여 생각나는 단어를 독자 스스로 연결시키도록 유도한다. 자신이 잘 모르는 단어이더라도 직감적으로 떠오르는 것이나 어렴풋이 알고 있는 것을 연상되는 대로 이야기하고, 이렇게 연상한 것에 대하여 그 이유를 찾아 나가면 좀 더 깊이 있는 사고를 할 수 있게 된다.

위에서 우리는 '소풍'이라는 단어에서 도시락을 떠올렸고 이는 김밥으로 연결되었다. 소풍날 아침이면 늘 부산스럽던 부엌의 소리들, 그리고 먹기에도 아까운 예쁜 김밥을 만들어 주셨던 어머니, 그 맛있는 김밥을 먹으면서 느꼈던 즐겁고 행복한 기쁨. 거기서 우리는 김밥의 끝부분을 먹으며 소풍보다 더 설레고 즐거웠던 기분을 떠올릴 수 있을 것이다. 이에서 우리는 글쓴이가 이야기하고자 하는 '소풍-음식'에 대하여 어렴풋이나마 어떤 느낌을 지니고 글을 읽을 수 있게 된다.

## 3. 예측하기

 전략 익히기

글을 읽고 이해한다는 것은 단순히 글의 내용을 있는 그대로 받아들이는 것만을 의미하는 것은 아니다. 글을 읽는 과정에서 독자들은 자신의 경험이나 지식들을 활용하여 글의 내용을 예측하고 상세화하며 때로는 글의 내용에 의문을 가지기도 한다.

읽기 전 활동으로서의 예측하기는 글 읽기의 목적을 정해주며 동시에 관심 영역을 구체화 할 수 있게 한다. 능숙한 독자들은 글을 읽으며 다음의 내용이 어떻게 전개될 것인지 끊임없이 예측할 것이다.

## 1) 전개될 내용 예측하기

제시된 상황이나 배경을 통해 독자의 경험과 관련하여 일어날 사건의 경과를 예측한다. 예측은 문학 작품에만 국한되는 것이 아니다. 사실적인 글을 읽을 때도 논리적으로 다음 내용이 어떻게 전개될 것인지 예측하고, 그 예측이 맞을 것인지 알아보는 것 또한 글을 읽어가면서도 긴장감을 놓칠 수 없는 재미를 부여할 수 있을 것이다.

> 한강의 남쪽, 청계의 북쪽에 과천 관사가 있다. 관사 뒤편에 산으로 오르는 큰길이 나 있는데, 이름을 여우고개라고 한다.
> 옛날에 어떤 과객이 이 길을 지나다가 몇 칸짜리 초가를 보았는데, 집 안에서 무언가를 두드리는 소리가 들렸다. 과객이 안을 들여다보니 머리가 허연 노인이 소가죽 위에 앉아 바야흐로 나무를 깎아 소의 머리를 만들고 있었다. 과객이 선채로 바라다보가 물었다.
> "이것을 만들어 어디에 쓰시렵니까?"
> "쓸 데가 있소."
> 이윽고 소의 머리가 완성되자 과객에게 주면서 말하였다.
> "머리 위에 한 번 써 보시지요."
> 또 소가죽을 집어 주면서 말하였다.
> "한 번 입어보시지요."
> 객은 장난으로 여기고 관을 벗고서 소머리를 머리에 쓰고, 발가벗은 몸에 소가죽을 입었다. 노인이 말했다.
> "벗으시오."
> 과객이 벗으려고 했으나 벗겨지지 않고, 그대로 한 마리의 큰 소가 되어버렸다.
> 노인은 그를 외양간에 매어 놓았다가 다음 날 타고서 시장으로 갔다. 바야흐로 농사철로 일이 많을 때였던지라 비싼 가격으로 팔리게 되었다.
>
> - 유몽인의 『어우야담』, 신익철 외 옮김

위와 같은 글을 읽었다고 가정하면, 우리는 농사철로 일이 많을 때라 하였으니 소가 된 과객이 여러 가지 고된 일들을 겪게 될 것이라고 다음 전개될 내용을 예측해 볼 것이다. 그리고 그 과객이 어떻게 소머리와 소가죽을 벗고 다시 사람이 될 것인지, 또 어떤 깨달음을 얻게 될 것이지 궁금해 할 것이다. 그 과정이 책을 읽으며 몰입할 수 있도록 하고 재미를 느끼게 하는 계기가 될 것이다.

## 2) 결론 예측하기

우리의 경험은 어떤 상황에 대한 전개뿐 아니라 결론까지 예측하는 데 큰 도움을 제공해 주며, 기존의 스키마를 활성화시킬 수 있는 좋은 단서가 된다. 우리는 글을 읽는 동안 글의 결론을 예측해 봄으로써 독서의 경험을 더욱 자극할 수 있을 것이다.

지금으로부터 2000여 년 전, 고대 그리스의 아폴로 신전 기둥에 '너 자신을 알라'라는 말이 새겨져 있다. 그러나 유감스럽게도 자신을 아는 것은 쉽지가 않다.

아이슈타인은 16살 때 아버지에게 다음과 같은 이야기를 들었다.
"어느 날, 나는 잭과 함께 커다란 굴뚝 청소를 하러 갔단다. 굴뚝을 청소하려면 굴뚝 아래 있는 철근 사다리를 붙잡고 올라가야 했지. 그 친구가 앞서 가고 나는 그 뒤를 따라서 올라갔어, 내려올 때도 마찬가지로 그의 뒤를 따랐단다. 굴뚝을 나와 보니 잭의 몸과 얼굴에는 온통 까만 굴뚝재가 묻어 있더구나. 분명 내 얼굴도 더러워졌을 거라는 생각에 근처 개울에서 손과 얼굴을 깨끗이 씻었지."
아인슈타인의 아버지는 이야기를 이어갔다.
"나중에 안 사실이지만 내 얼굴과 몸에는 재가 전혀 묻어있지 않았어. 내 얼굴을 본 잭은 자기도 나처럼 깨끗할 거라고 생각하고 간단하게 손만 씻고 거리로 나섰지. 거리에서 마주친 사람들은 모두 잭의 모습을 보며 배꼽아 빠져라 웃어 댔단다."

그는 진지하게 아들에게 말했다.

"다른 사람은 결코 너의 거울이 될 수 없어. 오직 자기 자신만이 거울이 될 수 있는 법이지. 다른 사람을 거울로 삼으면 바보는 자신을 천재라고 생각해버릴 수도 있단다."

우리가 진정한 자신을 알지 못하는 이유는 외부 정보의 영향을 쉽게 받기 때문이다. 마치 잭의 온몸이 더러워진 것을 보고 자기도 매우 더러울 것이라고 생각한 아인슈타인의 아버지처럼 말이다.

－수제, 진홍수 『내 안의 마음습관 길들이기』

위 글을 읽으며 우리는 진정한 자신을 알기 위해서는 타인이 아니라 바로 자기 자신을 거울로 삼아야 한다는 결론을 예측해 볼 수 있다. 이러한 예측은 글을 읽어 가면서 독자가 기존에 지니고 있는 스키마를 이용해 작가가 논하고자 하는 문제에 대해 독자 스스로가 먼저 생각해 볼 수 있는 기회를 제공한다.

아래에 주어진 글을 보고 물음에 답해 보자.

## 올리브유가 탄수화물을 만났을 때

　살이 찌는 것은 지방이 아니라 탄수화물 때문이라는 사실을 이제 충분히 이해되었을 것이다. 그렇더라도 오랫동안 칼로리 신앙을 강요받아왔던 만큼 지방을 많이 먹는 것은 여전히 두려운 일일 수 있다. 그런 사람에게 의학 학술지 《유럽임상영양학저널》에 실린 놀란 만한 연구 결과를 소개한다.

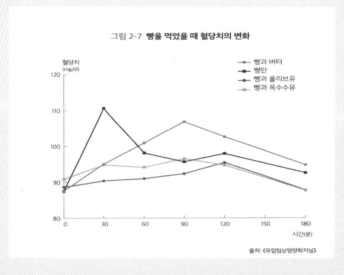

그림 2-7 빵을 먹었을 때 혈당치의 변화

출처: 《유럽임상영양학저널》

　그림 2-7은 건강한 사람을 대상으로 '빵만 먹었을 때', '버터와 함께 빵을 먹었을 때', '올리브유와 함께 빵을 먹었을 때', '옥수수유와 함께 빵을 먹었을 때'의 혈당치 변화를 조사한 결과다.

　그래프를 보면 빵이라는 탄수화물만 먹으면 30분 후에 혈당치가 급상승하는 데 반해 무엇이든 기름과 함께 섭취하면 혈당치가 완만하게 상승한다는 사실을 분명하게 알 수 있다. 즉 탄수화물을 단독으로 섭취하기보다 지방과 함께 먹으면 함께 먹으면 살이 찌지 않는다. 특히 올리브유의 효과는 절대적이다.

— 마키타 겐지의 『식사가 잘못됐습니다』

**01** 위 글의 제목 '올리브유가 탄수화물을 만났을 때'을 보고 떠오르는 질문은 무엇인가?

**02** 위의 도표를 보고 떠오르는 질문은 무엇인가?

**03** 그 외 떠오르는 생각들을 정리하여 보자.

아래에 주어진 글의 첫 부분을 보고 물음에 답해 보자.

## 미래를 미리 알면 행복할까

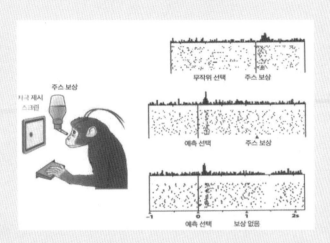

영국의 신경과학자 볼프람 슐츠와 그의 동료들은 원숭이를 대상으로 흥미로운 실험을 한 적이 있습니다. 이 연구는 1997년 <사이언스>에 소개되기도 했는데요. 원숭이를 컴퓨터 스크린에 앉혀놓고 스크린을 통해 다양한 도형을 제시합니다. 원숭이가 마우스를 움직여 도형들을 클릭할 수 있게 해주고, 그 중 특정 도형(예를 들어 노란색 삼각형)을 클릭하면 오렌지주스 다섯 방울을 입 속으로 떨어뜨려주는 실험입니다. 그러면 원숭이는 다양한 도형들을 마우스로 클릭해보다가, 우연히 노란색 삼각형을 클릭하면 오렌지주스를 먹을 수 있다는 사실을 발견하고 기뻐하지요. 이 때 흔히 '쾌락의 중추'라 알려진 신경세포 활동이 활발히 증가하는 걸 관찰할 수 있습니다. 이런 경험을 몇 번 하고 나면, 이내 학습이 된 원숭이는 실험이 시작되자마자 노란색 삼각형을 클릭하고는 오렌지주스가 제공되길 기다려요. 원숭이에게 기다림과 기대감은 쾌락으로 작동합니다. 기다리는 동안 측좌핵이 신경세포는 난리가 나지요. 그런데 정작 오렌지주스가 나와서 먹는 동안에는 그다지 즐겁지 않습니다. 쾌락이란 그런 거죠. 기대했던 것이 나올 땐 기쁘지 않습니다. 기대하지 않았던 것이 나올 때, 기대 이상의 무언가가 나올 때 기쁨이 됩니다.

더 극적인 상황은 원숭이가 노란색 삼각형을 눌렀는데 오렌지주스를 두 방울만 제공해줄 때입니다. 원숭이가 오렌지주스 두 방울만큼만 기쁠까요? 그렇지 않습니다. 원숭이는 기대한 것보다 적게 나오는 상황에서 실망감이라는 고통을 경험합니다. 기쁨과 쾌락, 행복은 어디에서 오는 걸까요? 기대감에서 비롯되고요, 기대한 것보다 더 나은 상황일 때 우리는 기쁨과 행복을 느낍니다.

그런데 만약 오렌지주스가 아니라 전기충격이라는 부정적인 보상을 제공하면 결과는 완전히 반대가 됩니다. 전기충격이 올 거라는 사실을 모를 때에는 오히려 전기충격을 견딜 만합니다. 놀랍고 고통스럽지만 결국은 지나가니까요. 그런데 30초 후에 전기충격을 받는다는 사실을 알게 된다면, 그 30초는 그야말로 '지옥의 시간'이 됩니다. 고통이 올 거라는 사실을 알고 기다리는 시간만큼 끔찍한 시간도 없지요. 그래서 지금 10볼트짜리 전기충격을 받을래, 30초 후에 5볼트짜리 전기충격을 받을래하고 제안하면 다들 더 강력하더라도 지금 전기충격을 받겠다고 대답합니다.

이 실험이 우리에게 들려주는 메시지는 뭘까요? '행복은 예측할 수 없을 때 더 크게 다가오고, 불행은 예측할 수 없을 때 감당할 만하다'라는 겁니다. 행복은 예측할 수 없는 뜻밖의 상황에서 기대 이상의 무언가를 얻었을 때 우리에게 찾아오고요, 이미 미래를 예측할 수 있다면 기대감이 사라진 상황에선 어떤 것도 행복하지 않습니다. 월급날 월급이 들어올 때보다 지금 강연장을 나가다 복도에서 5만 원짜리 지폐를 주웠을 때 더 기쁜 것처럼, 행복은 보상의 크기에 비례하지 않고 기대와의 차이에서 비롯됩니다. 따라서 미래를 알 수 있다면 행복도 사라질 것입니다.

반면 불행은 미리 안다면 그 크기가 엄청날 것입니다. 우리가 불행이 닥친다는 사실을 몰랐을 때에는 결국 견디고 감내하지만, 예고된 불행은 그 순간 더 큰 불행의 시작이 됩니다. 당신이 5년 후에 치매에 걸린다는 사실을 알았다고 상상해 보세요. 지금부터 5년 동안 어떤 삶을 살게 될까요? 아마 치매보다 더 큰 고통에 시달리게 될 겁니다. 다시 말하면 우리는 미래를 예측할 수 없기에 행복은 더 크게 누리고 불행은 감당할 수 있는 존재가 되는 겁니다.

– 정재승의 『열두 발자국』

**01** 위 글의 제목 '미래를 알면 행복할까'를 보고 떠오르는 질문은 무엇인가?

**02** 위 글에 나온 그림을 보고 떠오르는 질문은 무엇인가?

**03** '행복'이라는 단어에서 연상되는 것들을 자유 연상에 의해 나열하여 보자.
그리고 그 연상된 단어에 따른 이유를 이야기 해보자.

행복

〈연상한 이유〉

아래의 글을 읽고, 이 글 이후에 전개될 내용을 예측하여 보자.

잔디 깎기 아르바이트를 하는 소년이 한 부인에게 전화를 걸었다.

"혹시 잔디 깎는 사람 필요하진 않으신가요?"

전화를 받은 부인이 말했다.

"필요 없단다. 우리 집은 이미 아르바이트생을 고용했거든."

그러자 아이가 말했다.

"저는 꽃밭의 잡초까지 뽑아드려요."

부인이 미안한 듯 대답했다.

"그것도 그 아이가 잘 해줬단다."

이어서 소년이 말했다.

"저는 담장 주변에 난 풀도 깨끗하게 깎아드릴 수 있어요."

부인이 다시 한 번 자상하게 말했다.

"그것도 이미 다 했단다. 말은 고맙지만, 잔디 깎는 사람이 더 이상 필요하지 않구나."

아이가 전화를 끊자 옆에 있던 형이 영문을 모르겠다는 듯 물었다.

"네가 바로 그 부인 댁에서 잔디 깎는 아르바이트생이잖아. 도대체 왜 그런 전화를 건 거야?"

그러자 남자아이는 득의양양한 미소를 띠며 말했다.

"난 단지 내가 얼마나 잘했는지 알고 싶었을 뿐이야."

소년은 자신을 고용한 부인과의 대화를 통해 자신의 능력을 더욱 잘 알게 되었다.

– 수제, 진홍수, 『내 안의 마음습관 길들이기』

# 제 4 장

# 읽는 중 활동 (1)

## ─ 내용 확인하기 및 요약하기

 **기초 다지기**

일반적으로 독서는 알아내기(knowledge), 이해하기(comprehension), 적용하기(application), 분석하기(analysis), 종합하기(synthesis), 판단하기(evaluation)의 단계를 거쳐 완성된다. 이 가운데 '내용 확인하기와 요약하기'는 독서 활동 가운데 첫 번째 '알아내기(know-ledge)'와 두 번째 '해석하고 이해하기(comprehension)' 단계에 해당한다.

'알아내기'의 과정은 독자가 눈으로 읽은 내용을 머릿속에 담는 과정이고 '이해하기'는 첫 번째 단계에서 읽은 내용을 해석하고 이해하는 단계이다. 이 단계는 머릿속에 담아 둔 읽은 내용이 구체적으로 무엇인지를 인식하는 단계이다. 이 단계에서는 두서없는 내용들이 순서에 맞게 배열된다. 즉 생각이 정리되고 정돈된다. 독자는 자신이 읽은 내용을 이해하고 해석한다. 이때 독자는 책의 내용을 저자의 의도와는 정반대로 이해했을 수도 있다. 하지만 그것까지도 말할 수 있고 줄거리를 자신의 해석에 의해 나열할 수 있다. 뿐만 아니라 이러한 독자는 나열된 정보를 저자의 말이 아닌 자신의 말로 요약할 수 있고 예문을 들어 설명할 수도 있다.


## 1. 내용 확인하기

전략 익히기

내용 확인하기는 독서의 가장 초보적 단계에 해당한다. 이 단계는 읽은 글의 세부 내용과 줄거리, 인과관계 및 대상의 특성을 확인하는 단계이다. 이 단계에서는 읽은 내용을 확인하기 위해 다양한 방법을 동원할 수 있다.

먼저 낯선 단어들과 마주친 독자는 사전과 인터넷을 이용하여 단어의 의미를 찾는다. 줄거리를 쉽게 파악하기 위해서는 스토리 라인을 작성하는 방법이 있다. 그리고 읽은 내용에 담긴 사건의 인과관계와 대상의 특성을 확인하기 위해서는 접속어를 활용하거나 육하원칙에 입각한 질문법, 질문하기 등을 활용할 수 있다.

### 1) 세부 내용 확인

글의 세부 내용을 확인하기 위해서는 먼저 단어에 대한 이해가 전제되어야 한다. 글을 읽다보면 익숙하지 않은 단어들 때문에 글의 의미를 파악하는 데 방해를 받는 상황에 처하게 되기도 한다. 특히 전문서적이나 고전문학 작품에는 일반인들이 쉽게 접할 수 없는 단어들이 많이 사용된다. 따라서 낯선 단어들의 의미를 명확하게 파악하는 것은 글의 내용을 이해하기 위한 가장 기초적인 작업이다.

각 분야의 전공서적이나 고전문학 작품에는 흔히 쓰지 않는 전문용어나 한자어가 풍부하게 담겨 있다. 따라서 이러한 책을 읽고 그 세부 내용을 파악하기 위해서는 낯설고 어려운 단어들의 사전적 의미를 정확하게 확인하고, 이와 동시에 그 단어들이 가지고 있는 비유적 혹은 상징적 의미를 파악하는 깃이 필요하다. 이를 위해 활용할 수 있는 것이 사전과 옥편, 그리고 최근에 쉽게 접할 수 있는 인터넷 검색 사이트들이다.

사전은 표제어에 대한 각종 정보를 담고 있는 보물창고이다. 거기에는 단어의 기본 의미뿐만 아니라 비유적으로 사용된 다양한 예문, 반의어와 유의어 및 동음이의어, 그 단어의 역사에 대한 정보까지 풍부하게 저장되어 있다. 따라서 어려운 단어를 만났을 때는 사전을 적극적으로 활용하면 많은 도움을 받을 수 있다. 특히 인터넷 검색 사이트는 여러 사전을 한꺼번에 검색할 수 있는 장점이 있고, 찾고자 하는 단어와 관련된 많은 정보를 제공하기 때문에 매우 유용하다.

이상으로 단어의 문제가 해결이 되었다면 다음 단계에서는 핵심 정보를 찾아내야만 한다. 핵심 정보는 핵심어를 파악하는 것에서부터 출발할 수 있다. 핵심어는 글 전체를 포괄할 수 있어야 하기 때문에 반복되어 나타나며 그에 대한 세부 설명이 덧붙여지는 것이 일반적이다. 때로는 핵심어의 특성을 설명하기 위해 핵심어와 반대되는 개념을 예문으로 첨가하기도 한다. 핵심어 파악이 끝난 이후에는 이를 활용하여 핵심 문장을 찾을 수 있다. 이때 핵심어에는 동그라미를 치고, 핵심 문장에는 밑줄을 그어 선명하게 구분하는 것이 좋다.

분노할 줄 모르는 사람은 평범한 사람이고, 분노할 줄 아는 사람은 어리석은 사람이며, 자신의 감정을 능히 억제하여 될 수 있는 한 성내지 않는 사람은 총명한 사람이다.

만약 총명한 사람이 귀곡자의 말을 깨닫게 되면 결정적인 시기에 자신을 끊임없이 변화시켜 바로 세울 수 있다. 그러나 어리석은 사람은 결정적인 시기에 자신의 약점을 드러내어 남들이 자신을 공격할 수 있는 빌미를 만들어 줄 뿐이다.

다음은 나폴레옹의 일화다. 1809년 1월 니폴래옹이 스페인 선상에서 빠져나와 서둘러 파리로 돌아왔다. 그에게 한 각료가 비밀리에 소식을 전했다. 바로 외무장관 탈레랑이 반역을 꾀하고 있다는 것이었다. 나폴레옹은 즉시 각료들을 소집하여 회의를 열었다. 하지만 회의에 참석한 탈레랑은 너무나 태연했다. 그 모습에 나폴레옹은 스스로 감정을 억제하지 못하고 소리쳤다.

"어떤 자가 나를 죽이려 한다."

탈레랑은 별다른 기색 없이 의아한 눈빛으로 그를 바라보았다. 결국, 평정심을 잃은 나폴레옹은 탈레랑을 향해 거칠게 욕설을 퍼부었다.

"나는 너에게 많은 재부를 상으로 주고, 최고의 영예를 안겨주었다, 그런데도 너는 나를 죽이려 하다니! 이런 배은망덕한 인간은 비단신을 신은 한 마리의 개에 불과하다!"

그러고는 자리를 박차고 나가버렸다. 나폴레옹의 난데없는 행동에 각료들은 놀라 아무 말도 못하고 서로 얼굴만 바라보았다. 그 순간 당사자인 탈레랑이 나와 차분한 목소리로 각료들에게 말했다.

"여러분, 이번 일은 참으로 유감으로 생각합니다. 저 위대한 인물에게 이토록 지모가 없는 줄 몰랐습니다."

나폴레옹과 탈레랑의 이런 대조적인 모습은 순식간에 많은 사람들에게 알려졌다. 결국, 나폴레옹의 명망은 한풀 꺾이고 말았다. 탈레랑이 노린 것이 바로 이것이었다. 일부러 나폴레옹의 분노를 일으켜 걷잡을 수 없게 만들어 많은 사람들 앞에서 격발시킨 것이 탈레랑의 계략이었다. 이후 사람들은 나폴레옹이 걸핏하면 화를 내는 사람으로 알려지게 되었다. 이는 그의 권위와 지지도에 큰 영향을 미칠 수밖에 없었다.

－장스완 『모략의 기술』

위 예문에 나오는 어려운 단어와 핵심어, 핵심 문장을 찾아보면 다음과 같다. 다음 단어의 의미를 찾고 짧은 문장을 만들어 보자.

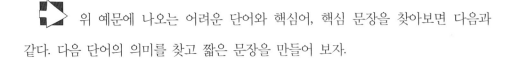

- 분노 :
- 총명 :
- 귀곡자 :
- 재부 : 재부(財富)
- 지모 : 지모(智謀)
- 명망 :

위 예문 전체를 포괄하는 핵심어 '분노'를 활용하여 핵심 문장을 찾고 이를 바탕으로 주제를 찾는다면 다음과 같은 주제문을 작성할 수 있다.

> '자신의 분노를 억제할 수 있는 자가 진정 총명한 사람이다.'

### 2) 줄거리 확인

줄거리를 확인하기 위해서는 글의 전체적인 통일성을 파악하고 그 내용을 요약할 수 있어야 한다. '줄거리 파악하기'는 실용적인 글보다는 문학 작품, 특히 소설을 읽을 때 유용한 독서 방법이다.

대별왕과 소별왕은 천지왕과 지상에 사는 총명부인 사이에 태어난 인간의 아들들이다. 하늘의 천지왕이 지상에 내려와 총명부인과 부부의 연을 맺고 하늘로 돌아간 후, 아들 형제를 낳았는데 천지왕이 남긴 말대로 큰아들은 대별왕, 둘째아들은 소별왕이라 이름을 지었다.

형제가 자라나 아버지를 찾자 총명부인은 천지왕이 남기고 간 박씨를 준다. 그것을 심자 싹이 나고 자라서 하늘로 줄기가 뻗어 올라 갔다. 형제는 그 박 줄을 타고 사흘 밤 사흘 낮을 올라가 아버지를 찾아갔다.

아들들을 반갑게 맞이한 천지왕은 형인 대별왕에게 이승을, 아우인 소별왕에게 저승을 다스리라고 하였다. 그러나 이승을 탐이 난 아우 소별왕은 형인 대별왕에게 수수께끼 내기를 하자고 제안한다. 그러나 아무리 애를 써도 형을 이길 수가 없자 꽃 가꾸기 내기를 다시 제안한다. 그래서 둘은 서천꽃밭에 가서 꽃감관한테서 꽃씨 두 개를 얻어 와 흙을 담고 정성껏 가꾸었다. 그러나 대별왕의 꽃은 크고 탐스러운 반면 소별왕의 꽃은 작고 볼품이 없이 시들어 갔다. 이번도 대별왕을 이기지 못할 것 같아 소별왕은 잠자기 내기를 제안하고 대별왕이 잠든 사이에 꽃을 바꾸어 놓았다. 이렇게 속임수로 대별왕은 저승을 소별왕은 이승을 다스리게 되었다.

그러나 소별왕이 이승에 와 보니 해와 달이 둘씩이나 뜨고, 나무와 짐승들이 말을 하니 시끄러워서 이승을 제대로 다스릴 수가 없었다. 결국 대별왕에게 도움을 청하였다.

대별왕은 천근의 활과 화살로 해와 달을 하나씩 쏘아 하나씩만 남겼고, 송홧가루를 뿌려 나무와 짐승들이 말을 못하게 하였다. 그리고 대별왕은 소별왕에게 법을 맑게 하여 다스리라는 말을 남기고 저승으로 갔다.

그러나 소별왕이 이승의 법을 맑게 하여 반듯하게 다스리는 것은 힘들었는지 인간의 죄악은 그대로 남아 있게 되었다.


▶ 줄거리를 파악하기 위해 가장 먼저 선행되어야 하는 것이 스토리 라인 작성이다. 스토리 라인을 작성하기 위해서는 시간의 순서에 따른 사건의 진행 과정을 정리해야만 한다. 누가 어떻게 하는가, 무엇이 어떻게 움직이는가, 그 사건이 어떻게 진행되는가를 시간적 순서에 따라서 기술한다. 전제나 논증이 아닌 짤막한 이야기로 플롯을 요약하여 작품의 줄거리, 즉 작품 전체의 일관성을 파악한다.

위 예문의 스토리 라인을 작성해 보면 다음과 같다.


① 대별왕과 소별왕은 천지왕과 지상에 사는 총명부인 사이에 태어난 아들들이다.
② 형제가 자라나 천지왕이 남기고 간 박씨를 통해 아버지를 만나게 된다.
③ 천지왕은 형인 대별왕에게 이승을, 아우인 소별왕에게 저승을 다스리라고 하였다.

④ 그러나 이승이 탐이 난 아우 소별왕은 형인 대별왕에게 수수께끼 내기를 하자고 제안하나 아무리 애를 써도 형을 이길 수가 없었다.

⑤ 결국 소별왕은 꽃 가꾸기 내기에서 속임수를 써 대별왕을 이겨, 결국 대별왕은 저승을 소별왕은 이승을 다스리게 되었다.

⑥ 그러나 이승을 제대로 다스릴 수가 없어 대별왕에게 도움을 청하였다.

⑦ 대별왕은 이승을 정리해 주고 소별왕에게 법을 맑게 하여 다스리라는 말을 남기고 저승으로 갔다.

이상 7개의 스토리 라인을 연결하면 간략한 줄거리를 작성할 수 있다. 아무리 긴 글이라 하더라도 이상과 같이 시간의 순서에 따른 스토리 라인을 작성해 가면서 독서를 하다보면 자연스럽게 줄거리를 요약할 수 있는 능력을 기를 수 있는 것이다.

## 3) 인과관계 확인

문단의 앞뒤 맥락을 파악해 내용의 인과관계를 확인하려면 우선 글의 연결고리를 찾아야 한다. 보통 문단과 문단을 연결시키는 연결고리는 접속어이다. 접속어는 크게 두 가지 유형으로 나눌 수 있다. 하나는 '그리고, 그래서' 등의 순접 접속어이고 다른 하나는 '그러나, 그렇지만' 등의 역접 접속어이다.

순접 접속어는 앞뒤의 문장이나 구를 논리적 모순 없이 순리적인 관계로 이어나가고, 역접 접속어는 앞의 글에서 서술한 사실과 서로 반대되는 사태나 그와 일치하지 않는 사태가 뒤의 글에서 성립하는 경우에 쓰인다. '그러므로, 그래서' 등의 접속어는 앞의 내용이 뒤에 오는 내용의 원인·전제·조건이 됨을 나타낸다. 또한 '왜냐하면'도 글의 앞뒤 맥락을 파악하는 데 매우 중요하다.

문단의 서두에 접속어가 나와 있으면 문단의 앞뒤 맥락을 파악하기가 쉽다. 문장이 순접 접속어로 이어지면 앞의 내용과 뒤의 내용이 동일한 맥락에서 이어지고 있음을 알 수 있고, 역접 접속어로 이어지는 문장의 경우라면 앞과 뒤의 맥락이 전환되고 있음을 파악할 수 있기 때문이다. 그러나 접속어에 주목한 글 읽기의 경우, 단문은 유용한 방법이 되지만, 호흡이 긴 글의 인과관계를 확인하는 데는 큰 도움을 주지 못한다. 이때는 '육하원칙(1H5W)에 따른 질문하기' 방법을 사용하는 것이 좋다.

'1H5W 질문법'은 누가(Who), 언제(When), 어디서(Where), 무엇을(What), 어떻게(How), 왜(Why)의 '육하원칙'에 입각하여 만든다. '누가, 언제, 어디서, 무엇을, 어떻게, 왜'에 대해 하나하나 질문해 가면서 독자는 자연스럽게 글에 담긴 상세한 내용과 더불어 부분들 간의 인과관계를 파악하게 된다.

## 매트릭스와 운명의 문제

매트릭스에서 모든 것은 이미 결정되어 있다. 그 속에서 주체가 스스로 결정하는 것은 아무 것도 없다. 주체는 스스로 결정한다고 믿고 있지만, 자신이 스스로 결정한다고 믿는 것 자체가 이미 짜여진 각본에 불과하다. **하지만** 과연 모든 것이 조금의 잉여도 없이 미리 짜여질 수 있을까? 여기서는 "지금 벌어지고 있는 모든 것이 이미 프로그램에 의해서 짜여진 것인가, 아니면 주체적 결단에 의해서 그때그때 우연적으로 벌어지는 것인가?" 하는 운명과 자유의지에 대하여 탐구한다. <매트릭스>에 그려진 매트릭스의 세계는 모든 것이 미리 결정된, 즉 운명적으로 주어진 세계이다. **하지만** 영화를 잘 들여다보면 그런 운명을 일탈하는 사건들이 자주 드러난다. 이것은 감독의 실수가 아니라 감독의 의도적인 배치의 결과물이다. **왜냐하면** 매트릭스의 세계 역시 현실 세계의 논리로부터 완전하게 벗어날 수 없고, 결국 주인공 '네오'는 예언과 운명을 거부해야 하기 때문이다. '네오'는 사랑을 선택한다. **하지만** 예언을 거부하는 것 자체가 일종의 운명일 수도 있는 또 다른 가능성은 남아있다. 그 가능성은 <매트릭스>가 할리우드 영화의 관습을 답습하는 한 현실적인 해결 방안이 될 것이다.

— 이정우 외, 『철학으로 매트릭스 읽기』

▶ 앞 예문의 내용을 육하원칙에 따른 질문하기(1H5W 질문법) 방법으로 확인해 보면 다음과 같다.

① 누가(Who) : 주체인 주인공 네오
② 언제(When) : 영화 속 시간
③ 어디서(Where) : 영화 <매트릭스>에 그려진 매트릭스의 세계
④ 무엇을(What) : 운명과 자유 의지
⑤ 어떻게(How) : 탐구
⑥ 왜(Why) : 예언과 운명을 거부해야 하기 때문

### 4) 대상의 특성 확인

글은 글쓴이의 의도를 반영하기 때문에, 글을 정확하게 읽어야만 그 의미를 올바로 이해할 수 있다. 만약 독자가 글쓴이의 정확한 의도를 이해하지 못한다면 엉뚱한 방향의 논지로 내용을 파악하는 일이 생길 수 있다. 따라서 정확한 독서를 위해서는 글을 읽는 이가 자신의 주관적인 감정이나 감상을 배제하고 글에 나와 있는 내용을 토대로 객관적 독서를 하는 것이 중요하다.

객관적 독서를 위해서는 자신이 읽고 있는 글이 무엇에 관한 것인지를 알아야만 한다. 이때 '무엇'에 해당하는 것이 바로 글의 '대상'이다. 글의 대상을 정확하고 깊이 있게 파악하기 위해서는 '질문하기'의 방법을 활용할 수 있다. 이 방법은 독자가 글을 읽어나가면서 중요하다고 생각하는 내용에 대해 의문을 제기하게 함으로써 대상에 대한 이해를 용이하게 하는 방법이다.

일반적인 독자들이 쉽게 범하는 실수 가운데 하나가 글을 다 읽고 난 이후에노 자신이 무엇을 읽었는가를 정확하게 기억하지 못한다는 것이다. 다만 독자는 글의 피상적인 내용만을 기억할 뿐이다. 때로는 글쓴이가 무엇에 대해 말하고 있는지를 파악하지 못하는 일이 종종 있다. 그 결과 누군가 해당 내용에 대해 물어볼 경우,

답을 하지 못하는 일이 생긴다.

이와 같은 경우, '질문하기' 방법을 활용한다면 대상의 특성을 파악하고 글의 전체 흐름을 파악하는 데 도움을 받을 수 있다. 구체적인 방법으로는 글을 읽는 도중 자신이 중요하다고 생각하는 부분에 간단한 메모 형태로 여백에 적는 것이 있다. 글을 다 읽고 난 이후 독서의 심화를 위해 기억나는 단어나 내용 등을 메모해 보는 방법도 바람직하다. 이것은 비교적 간단한 방법이지만 그 효과는 크다. 읽는 사람이 내용을 읽는 도중에 의식하게 만듦으로써 내용을 선별하여 중요 내용만을 추출하게 만드는 효과를 갖기 때문이다. 이렇게 메모한 내용을 바탕으로 자신이 읽었던 내용에 대해 질의/응답 과정을 거침으로써 내용의 주요 부분을 정리하면 전체 내용에 대한 이해가 선명해진다. 작성자가 이 질문법을 사용하는 주된 이유는 해당 부분을 구체화시킴으로써 내용의 정확한 파악과 이해에 도움을 줄 수 있기 때문이다.

이 훈련 과정은 처음에는 긴 문장부터 시작하기보다는 단문부터 시작하는 게 좋다. 초보 독자의 입장에서는 처음부터 내용이 긴 문장이나 난해한 문장을 대상으로 하는 것은 부담스러운 일이다. 그보다는 쉬운 단문부터 연습하는 것이 내용 파악이 쉽고 자신감을 획득하는 데 유리하다. 처음에는 단문부터 시작하여 단문의 중심을 이루는 키워드가 무엇인가를 파악하고 그 의미를 이해하도록 한다. 이후 훈련 과정을 반복하면서 긴 문장에까지 적용시켜 대상의 특성을 파악하는 것이 바람직하다.

## 서사를 대신하는 활동사진의 쾌락, <형사 Duelist>

멀고 먼 옛날 조선에서. <형사 Duelist>는 여느 나그네의 요설처럼 막을 올린다. 아니, 영화의 프롤로그는 정말로 인간인지 귀신인지 모를 여인네에게 유혹당하는 나그네의 요설이다. 극과 상관없는 프롤로그가 갑자기 중단되면, 장터에서 잠복근무 중인 좌포청의 안 포교(안성기)와 <인정사정 볼 것 없다>의 우 형사처럼 결한 '남순(하지원)'이 등장한다. 두 사람은 화폐 위조범들의 출처를 알아내는 임무를 맡고 있는데, 병조판서(송영창)와 그의 하수인인 '슬픈눈(강동원)'이 유력한 용의자로 떠오른다. 하지만 '남순'이 세상 사람 같지 않은 '슬픈눈'과 사랑에 빠지면서 임무는 흔들리기 시작한다.

이상하게도 영화가 진행될수록 이야기는 사라져간다. <인정사정 볼 것 없다> 이후 6년 만에 돌아온 이명세는 더 이상 서사에 관심이 없는 듯하다. 서사의 공백을 대신하는 것은 활동사진의 쾌락이다. 고속촬영과 저속촬영, 프리즈 프레임(정지화면), 색감과 명암의 급격하고 다양한 변화를 통해 보이는 화면은 '활동' 그 자체로서도 이야기를 할 수 있다는 이명세의 자신감으로 보인다. 자연스레 미장센도 형식미를 과용한다. 프로덕션디자인은 고증보다 상상력에 기대고, 조명은 종종 빛과 어둠을 흑백으로―병조판서의 바둑알처럼 혹은 만화의 한 페이지처럼―극단적으로 갈라놓는다. 특히 깊이를 알 수 없는 어둠과 빛을 드나들며 벌이는 '슬픈눈'과 '남순'의 돌담길 액션장면은 지독하게 아름다운 이명세식 형식미의 절정을 탐한다.

<형사 Duelist>가 일본적인 양식미를 떠올리게 만드는 것도 무리는 아니다. 마당에 흐드러지게 핀 붉은 꽃은 꽃꽂이[生け花]와 다르지 않고, 가면을 쓰거나 무표정한 모습의 슬픈 눈은 전통극 노[能]를 연상시킨다. 그런가 하면 마지막의 꿈결 같은 대결은 검은 옷을 입은 사람들이 숨어서 인형을 조종하는 인형극 분라쿠[文樂]와 닮아 있다. 이명세는 운명의 사슬을 끊지 못해 격정적인 대결을 벌이는 캐릭터들 위에 인형 조종사처럼 군림한다. 그래서 <형사 Duelist>는 종종 무협이라기보다는 무협인형극에 가까워 보인다.

당대의 스타일리스트가 자신의 장기를 극한으로 밀어붙여 창조한 <형사 Duelist>는 실로 아름다운 천지지만, '활동사진'의 사전적 의미를 되묻고 있는 실험처럼 느껴지기도 한다. 이 탐미적인 활동사진을 즐기기 위해서는 비어있는 서사에 마음쓰지 않고 "감정의 리듬을 지탱하는 것은 드라마가 아니라 몸과 움직임"이라는 감독의 제안을 받아들이는 것이 좋다.

― 김도훈, http://www.cine21.co.k

위 글을 읽고 질문지를 작성해보자.

① 형사 Duelist의 시대적 배경은 언제인가?

: 멀고 먼 옛날 조선

② 형사 Duelist의 감독은 누구인가?

: 이명세

③ 형사 Duelist의 주요 등장인물은 누구인가?

: 좌포청의 안포교와 남순, 화폐 위조범 병조판서와 그의 하수인 '슬픈눈'

④ 형사 Duelist의 서사적 공백을 대신하는 것은 무엇인가?

: 활동사진의 쾌락

⑤ 글쓴이가 형사 Duelist의 장점으로 꼽는 것은 무엇인가?

⑥ 글쓴이가 형사 Duelist의 단점으로 지적하고 있는 것은 무엇인가?

⑦ 형사 Duelist를 즐겁게 감상하려면 어떻게 해야 하는가?

‘질문하기’의 시작은 질문 카드 작성이다. ‘질문하기’는 자신이 알지 못하고 있는 대상에 대해 제시문에 나타난 정보를 동원하여 그 대상의 특성에 접근해 가기 위한 방법이다. 따라서 이 방법을 성공적으로 수행하기 위해서는 추상적이고 포괄적인 개념을 동원하기보다는 이미 제시된 지문에서 질문을 추출해 대상의 핵심에 도달하는 것이 필요하다. 이러한 과정을 거치면서 독자는 추상적이고 모호하던 대상의 특성을 구체적으로 파악할 수 있다.

**실전연습 1**

다음 글을 읽고 질문에 답해보자.

### J. D. 샐린저의 <호밀밭의 파수꾼>

주인공 홀든 코필드는 펜시 고등학교 3학년생이다. 그는 이제 겨우 16살이지만 키가 6피트 2인치나 되고 머리칼은 하얗게 세었다. 그에게는 마음을 터놓고 진심을 이야기 할 수 있는 친구가 없다. 학교 생활에 실망하고 거짓과 허위로 가득찬 환경에 식상하여, 공부에 대한 의욕을 잃고 영어 이외의 다른 모든 과목에서 낙제점을 받아 결국에는 크리스마스가 가까운 어느 날, 퇴학을 당하게 된다. 홀든은 이미 다른 고등학교를 퇴학당한 경력이 있다. 홀든은 허위와 불성실을 참지 못하는 결벽증의 소유자다. 이런 홀든에게 혼탁한 현실은 견디기 어려운 것으로 다가온다.

홀든의 가족은 뉴욕에 사는 부유층이다. 큰 회사의 고문 변호사인 홀든의 아버지는 늘 실패하면서도 브로드웨이의 쇼에 투자를 하는, 그러나 아이들의 교육에는 별로 관심이 없는 사람이다. 또 홀든에게는 피비라는 착한 여동생과 작가이며 지금은 할리우드에서 영화시나리오를 쓰는 형이 있다. 홀든은 형을 별로 존경하지 않는다. 그에게는 또한 엘리라는 두 살 어린 남동생도 있었는데, 머리가 뛰어나고 문학적 소질이 풍부했던 남동생은 백혈병으로 죽고 없다. 홀든은 이 동생이 죽었을 때 차고의 창을 모조리 때려 부수는 소동을 벌여 정신감정을 받을 뻔하기도 했다. 그래봤자 아무소용이 없다는 것을 알지만, 사랑하는 동생, 자기보다 훨씬 똑똑한 동생, 사람을 화나게 한적이 없는 동생을 잃었다는 데서 오는 참을 수 없는 슬픔을 어떻게 처리해야 할지 몰랐던 것이다.

홀든은 크리스마스 휴가 직전에 학업상태가 불량하다는 이유로 퇴학 처분을 당하고 집으로 돌아가기 위해 짐을 꾸리면서 이런 사실을 전혀 모르는 엄마를 생각하고 서글픔을 느낀다.

또 시카고에서 온 수녀들이 자기 이익은 생각지 않고 모금운동에 참여한다는 사실에 감동하기도 하고 교회를 갔다 돌아오는 아빠에게 이끌려 보도를 걷고 있는 어린이가 무심코 부르는 노래를 듣고 "어리다는 건 좋은 것이야"라고 생각하기도 한다. 피비가 자신의 크리스마스 용돈을 전부 쓰라고 내놓자 눈물을 흘린다. 홀든이 펜시 고등학교의 기숙사를 뛰쳐 나와 뉴욕의 어느 호텔에 투숙 했을 때 홀든의 방을 찾아온 창녀가 느닷 없이 옷을 벗기 시작하자 그는 성적충동을 느끼는 것이 아니라 오히려 우울해 지고 만다. 또 여동생이 다니는 초등학교나 아이들이 많이 다니는 박물관의 벽에 "씹히자"라는 저속한 말이 칼로 새겨진 것을 보고 그것이 순진한 어린이들에게 끼칠 악영향을 생각하며 분노한다.

뉴욕 시가를 배회하던 이틀째 밤, 몰래 집으로 돌아가 만난 여동생 피비는 "오빠는 모든 것이 다 싫다고 말하지만, 좋아하는 것이 하나라도 있으면 말해봐"라고 다그친다. 홀든은 자신의 마음 깊숙이 자리 잡고 있었던 "호밀밭의 파수꾼'이 되고 싶다는 소망을 말한다.

"호밀밭의 파수꾼"이 되어 어린이들이 절벽 같은 데서 떨어지지 않도록 보호하며 살고 싶다고 소망하는 홀든은 현실의 삶이 안겨주는 고통을 이기지 못한 나머지 서부로 도피하겠는 그의 의지는 앤톨리니 선생의 충고에도 불구하고 흔들리지 않다가 여동생의 순진무구함 덕분에 마음을 열고 결국 현실에 존재하는 모든 것을 아름답게 보기 시작한다.

— 인터넷 카페 자료

**01** 위 글에서 모르는 단어가 있다면 의미를 찾아 짧은 문장을 만들어 보자.

**02** 위 글에서 줄거리를 확인하기 위해 필요한 부분에 밑줄을 그어보자.

**03** 위의 답을 참조로 스토리 라인을 작성해 보자.

## 실전연습 2

다음 글을 읽고 질문에 답해 보자.

### 영화 '암살'과 우리사회

한국영화의 저력을 보여주고 있는 영화 '암살'은 일제 강점기의 한국을 소재로 한 영화이다. 캐스팅이 공개될 당시 우리는 이것이 엄청난 영화다. 꼭 봐야한다. 라는 이야기를 하면서 관심을 가졌다.

한국 영화 암살에 대해서는 크게 3가지 키워드로 구분할 수 있을 것 같다.

첫째는 서스펜스다. 영화의 기법 중 '서스펜스'와 '서프라이즈'라는 것이 있다. 서프라이즈는 영화에 나오는 인물과 관객모두가 예상치 못한 장치나 장면을 통해 깜짝 놀라게 하는 것이고 서스펜스는 바로 영화 속의 인물은 일어날 일을 알지 못하지만 영화를 보고 있던 관객은 무슨 일이 일어날지 미리 앎으로써 긴장감을 유발하는 것이다.

'암살'이라는 이 영화는 이러한 서스펜스적인 요소가 매우 잘 사용된 영화다. 스토리텔링적인 부분이 이러한 서스펜스를 잘 형성하였지만 나의 관점에서는 가장 중요하게 기여된 것은 '내제되어 있던 감정'을 잘 사용했다고 본다.

대한민국사람이라면 모두 알고 있던 일제강점기 치하의 우리의 현실 그 때문에 자연스레 생겨난 한국인의 고유 정서 '한'. 이러한 정서 때문에 더욱 더 독립군이 이겨내기를 바라게 되었고 자연스레 관객이 독립군의 역할을 맡은 배우에게 자신과 감정이입하여 긴장감을 느끼고 영화에 몰입도를 높였다.

두 번째 키워드는 인물이다. 일제 강점기에 존재했던 인물들이 다양하게 출연했을 뿐만 아니라 구성적으로도 선과 악, 조력자, 고난 등 공식에 따른 인물들이 적절하게 출연되었다.

이정재가 맡은 염석진이라는 역할은 배신자이며 우화로 비유하면 박쥐같은 인물이다. 그와 동시에 돈과 명예를 중요시 하는 역할이다. 현 사회에 비유하자면 대중들은 약자에게 강하고 강자에게 약하며 그와 동시에 본인의 이익을 위해서 움직이는 염석진이라는 배역을 현재의 기득권계층을 떠올리지 않을까싶다.

두 번째는 전지현이 맡은 안옥윤이라는 역할은 독립군으로써 불의에 지지않으며 할 말을 하는 역할이다. 어떤 일이었는지는 말을 하지 않지만 자신의 상관을 쏜 일을 통해서 심지가 굳으며 할 말을 하는 성격이다. 그와 동시에 여자이기 때문에 가진 여린 모습이 여러 장면에서 드러난다. 살며시 웃으며 수줍게 춤을 추거나 웨딩드레스를 보며 눈물을 흘리는 장면, 그리고 친일파인 아버지를 죽이는 장면에서 망설이는 부분 등 여성이기에 가진 여린 모습 또한 공존하는 캐릭터를 보여주었다. 하지만 여성이면서 명사수, 대장 등 독립군을 대표하는 인물로 강인한 모습마저 보여준다. 그리고 결말에서는 염석진에게 속 시원한 복수를 하는 인물로써 대중이 원하는 영웅적인 인물이다.

세 번째는 하와이 피스톨 하정우와 오달수이다. 친일파 집안의 출신으로 돈을 받으면 무슨 일이든 하던 청부업자 생활을 하는 사람이지만 영화의 후반부로 갈수록 청부업자에서 독립군으로 탈바꿈하는 모습을 보여준다. 독립군 안옥윤이 이러한 탈바꿈을 유발하는데 이것은 감독이 우리에게 전하는 메시지를 보여주는 인물이다. 누구나 이러한 부조리를 깰 수 있는 영웅이 될 수 있으며 영웅이 되어주기를 바란다는 메시지를 관객에게 던지는 인물이라고 할 수 있다.

또 다른 인물들은 친일파인 강인국은 권력을 좇다 처참한 죽음을 맞이하는 인물로 권선징악적인 메시지를 담고 있다.

마지막 세 번째 키워드는 대사이다.

영화중 이런 대사가 있다. '사람하나 죽인다고 해결되는 것은 없다.'이 대사가 우리가 가진 생각을 대표하는 문장이라고 생각된다. 내가 한다고 뭐가 바뀔까 라는 생각. 우리가 가진 생각이다. 하지만 독립군들이 암살을 시도 했던 이유는 그게 우리가 할 수 있는 일이고 적어도 조금은 바뀔 수 있는 계기는 될지 모르기 때문이다.

영화 '암살'은 우리에게 변화를 요구하고 배신과 고난 속에서 희생을 하면서도 독립을 위해 노력하신 독립운동가를 잊지 말자는 메시지 또한 포함하고 있다. 다양한 키워드와 소재를 통해서 잊혀지면 안 될 기억을 다시 한 번 우리에게 상기시켜줄 뿐만 아니라 영화 속에 현재 사회를 은은하게 녹여내면서 우리를 위로해주고 있다.

− 문화평론가 김태현의 <업코리아>에 올라 온 글

**01** 위 글에서 어려운 단어를 찾아보자.

**02** 위 글은 무엇을 대상으로 쓰여졌는가?

**03** '질문하기'의 방법을 활용하여 위 글의 대상의 특성을 확인해 보자.

**04** 위 1·2·3의 질문들을 종합하여 주제문을 작성해 보자.

## 2. 내용 요약하기

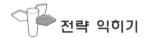 

글을 읽는다는 것은 읽은 글에 대한 하나의 총체적인 의미를 구성하는 것이다. 하나의 총체적인 의미를 구성하기 위해서는 읽은 글에 나와 있는 수많은 정보들의 가치를 판정하여 중요하지 않은 것은 버리고 비슷한 정보끼리 모으며, 중요도가 낮은 정보를 보다 중요한 정보에 귀속시켜 하나의 의미로 만들어 나가야 한다. 이를 쉽게 말하면 글을 잘 읽는다는 것은 글을 읽고 그 글의 내용을 파악하며 읽은 내용을 요약할 수 있어야 한다는 것이다. 그러기 위해서는 글을 하나의 커다란 줄거리를 가진 것으로 읽어야지 연결되지 않은 많은 문장으로 읽어서는 안 된다.

또한 글을 읽으면서는 항상 글쓴이의 목적을 생각하며 앞뒤 문장의 연결관계를 살펴야 하고, 글의 흐름에 따라 각 문단의 중심생각이 무엇인지, 문단과 문단이 어떤 논리적 관계에 따라 연결되어 있는지를 살피면서 읽어야 한다. 염두에 둘 것은 한 편의 글에서 모든 문장이 중요한 것이 아니라는 것이다. 한 편의 글을 이루고 있는 문장은 중요한 것과 중요하지 않은 문장으로 나누어진다. 따라서 글을 읽을 때는 반드시 중요한 것과 덜 중요한 것을 가려가면서 읽어야 하며, 그 둘 사이의 상관관계를 파악하여야 한다. 그런데 한 가지 주의할 것은 읽는 사람의 입장에서 중요하다고 생각되는 것을 찾는 것이 아니라, 글쓴이의 입장에서 중요한 것을 판단하여야 한다는 것이다.

읽고 있는 글의 화제 내에서 가장 중요한 문장을 핵심 문장이라고 한다. 핵심 문장을 찾고 나머지 문장과의 의미 관계를 파악하는 훈련은 읽기에서 가장 중요하다고 할 수 있다. 그 다음에 문단 나누기를 한다. 문장을 잘 살펴보면서 배경, 시간, 주제, 화제 등을 기준으로 문단을 나눠 각 문단의 요지를 파악하고, 문단의 핵심 문장 또는 핵심 단어를 찾아 문단 별로 제목을 달아 본다. 마지막으로 가장 중요한 핵심은 어디에 있으며, 글이 전하고자 하는 중심 생각은 무엇인가를 생각하여 본다.

또한 핵심 단어나 각 문단의 제목 또는 핵심 문장들을 연결하여 글 전체의 흐름을 이해한다. 이렇게 하면 글 전체의 총체적인 의미 관계를 파악하기 쉬우며, 글의 화제, 글의 주제, 글의 구조, 글의 성격, 글의 취지 등을 판단하고 그 글에 대하여 평가와 비평도 할 수 있다.

일반적인 내용 요약의 규칙은 삭제, 선택, 일반화, 재구성으로, 이를 자기가 읽은 글에 잘 적용하는 능력을 가진 사람은 요약을 잘 할 수 있다. 내용 요약의 방법으로는 위계적 요약 방법과 다양한 도시(圖示) 방법이 있다. 이 단원에서는 내용 요약의 규칙과 내용 요약의 방법을 연습해 보기로 하자.

### 1) 내용 요약의 규칙 : 삭제, 선택, 일반화, 재구성

글을 읽다 보면 중요한 문장과 그렇지 않은 문장이 있는 것을 알게 된다. 따라서 읽고 있는 글의 화제 내에서 가장 중요한 핵심 문장을 찾고 나머지 문장과의 의미 관계를 파악하는 훈련을 하게 되면 글을 요약하더라도 내용 자체는 줄어들지 않게 된다. 이런 활동을 압축 작업이라고 말하기도 한다. 내용을 요약할 때에는 덜 중요한 문장은 삭제하고 핵심 문장은 선택한다. 그리고 그 의미를 가능하면 짧게 요약하여 자신의 문장으로 표현하여 본다. 그리고 그것을 더욱 압축하여 한 마디로 만들어 본다.

그러나 좀 더 긴 글을 요약하려고 하면 기억할 중요한 정보를 골라내는 것이 필요하다. 사람들은 기억할 것을 선택할 때 요약 진술을 만든다. 최근 요약하기 방법에 대해 브라운과 데이는 명쾌한 방법을 제시하였다. 그 요약 규칙은 다음과 같다.

① 사소하거나 불필요한 내용은 삭제한다.
② 중요한 내용이더라도 반복되는 내용은 삭제한다.
③ 항목의 목록들은 가능하면 상위어로 대치한다.
④ 행동의 하위 요소의 목록 대신 포괄적 행동으로 대치한다.
⑤ 주제문(topic sentence)의 선택 : 글 속에 주제문에 해당하는 내용이 있을 때는

이를 선택한다.

⑥ 마땅한 주제문이 글 속에 없을 때는 스스로 창출한다.

한편, 킨취와 반 다이크는 글의 의미 구조를 거시 구조 측면에서 접근하여 텍스트 처리의 심리적 과정, 즉, 독자의 텍스트 처리에 중점을 둔 요약 모델을 제시하고 있다. 그들의 거시적 요약 규칙은 다음과 같다.

① 삭제(deletion) : 연속되는 명제들 중에서 후속 명세의 해석에 직접적이지 않은 부수적인 속성들을 지시하는 명제들을 삭제한다.

② 일반화(generalization) : 연속되는 명제들은 그것들보다 상위의 개념으로 한정하는 명제로 대치될 수 있다.

③ 선택(selection) : 연속되는 명제들 중에서 또 다른 명제들에 의해서 지시되는 사실이나, 통상적인 조건들은 삭제될 수 있다.

④ 구성(construction) : 연속되는 명제들은 그 통상적인 조건이나 요소 결과들을 지시하는 하나의 명제로 대치될 수 있다.

요약하기 규칙을 익히는 데 다음과 같은 자기 점검 기록표를 이용하면 더욱 도움이 될 수 있다.

① 나는 그 단락 또는 여러 단락에 대한 일반적인 생각을 찾았는가?

② 나는 일반적인 생각에 대해 가장 중요한 정보를 찾았는가?

③ 나는 일반적인 생각에 대해 직접적이지 않은 어떤 정보를 사용했는가?

④ 나는 어떤 정보를 한 번 이상 사용했는가?

(1) 압축하여 한 문장으로 만들기

> 우리가 상상하는 미래의 기술 세계는 생각보다 훨씬 빠르게 다가온다. 첨단 기술의 놀라운 진화와 융합을 활용하는 능력이 미래의 유일한 경쟁력이 될 것이다. <u>열린 마음으로 기술의 미래를 내다볼 용기를 가진 자만이 미래의 비즈니스를 개척할 수 있다.</u>

▷ 이 글은 빠르게 다가오는 미래의 기술 세계를 어떻게 받아들여야 하는가에 대하여 이야기 하고 있다. 따라서 마지막 문장을 앞의 두 문장을 포함할 수 있도록 고치면서 압축하면 한 문장으로 표현하기 쉬울 것이다. 다음과 같이 한 문장으로 요약하여 보았다.

> 열린 마음으로 첨단 기술 발전에 동참하면 새로운 비즈니스를 개척할 수 있다.

(2) 요약 규칙에 따라 삭제, 선택, 일반화, 재구성하기

> <u>냉전 시대는 패러다임 전쟁이었다. 이것은 세상을 해석하는 시각과 신념체제가 세계적으로 충돌하는 과정이었다.</u> 소비에트의 패러다임은 냉전 시대 말기에 커다란 혼돈에 빠졌다. 그들은 변화를 헤쳐나갈 새로운 패러다임이 필요했지만 만들지 못했다. <u>변화에 대응하는 것은 제쳐 두더라도 미래를 제대로 예측하지도 못했다.</u> 그들의 기계적인 세계관은 사회주의 경제체제의 붕괴를 초래했다. 패러다임이 더 이상 작동할 수 없었기 때문에 끝장난 것이다.

· **삭제** : 냉전 시대는 패러다임 전쟁이었다. 이것은 세상을 해석하는 시각과 신념 체제가 세계적으로 충돌하는 과정이었다.

· **선택** : 소비에트의 패러다임은 냉전시대 말기에 커다란 혼돈에 빠졌다. 그들은 변화를 헤쳐 나갈 새로운 패러다임이 필요했지만 만들지 못했다. <u>변화에 대응하는 것은 제쳐 두더라도 미래를 제대로 예측하지도 못했다.</u>(삭제)· ➡ 새로운 패러다임이 필요

· **일반화** : 그들의 기계적인 세계관은 사회주의 경제체제의 붕괴를 초래했다. 패러다임이 더 이상 작동할 수 없었기 때문에 끝장난 것이다. ➡ 새로운 패러다임이 필요, 그렇지 못하면 망함

· **재구성** : 소비에트(소련)가 망한 이유는 시대의 변화에 대처하는 새로운 패러다임을 만들지 못했기 때문이다.


## 2) 내용 요약의 방법 : 위계적 요약, 도시(圖示)

내용을 요약하는 방법에는 크게 위계적 요약 방법과 도시(圖示) 방법이 있다. 위계적 요약 방법은 글을 단락으로 나누고 각 단락의 개요를 작성하여 종합하는 방법으로 요약하는 것이고, 도시(圖示) 방법은 그림이나 표 등을 이용하여 요약하는 방법으로 고공표 작성하기, 마인드 맵 작성하기, 도식(圖式) 방법 등이 있다.


### (1) 위계적 요약 방법

위계적 요약하기(hierarchical summarizing)는 교과서 3~4쪽 정도의 글에서 가장 중요한 생각(정보)을 반영하는 내용을 약 10~12개의 문장으로 요약하는 것을 말한다. 대부분의 글에는 제목이 붙어 있으며 단락에 따라 부제목이 제시되기도 한다. 글에 따라서는 그 단락 안의 세부 내용을 다시 소제목으로 정리할 수 있다. 이러한 글의 구조 유

형을 따라서 각각의 부분에 대하여 개요를 작성해 나가게 되면 손쉽게 글의 내용을 요약할 수 있다. 이러한 것을 위계적 요약 절차라고 하는데, 이러한 방법을 사용하면 글을 읽는 동안에 기억하는 양이 늘 뿐 아니라 요약문의 질도 향상될 수 있다.

위계적 요약은 5단계의 절차를 거쳐 이루어진다.

| ① 미리 보기 | 제시된 글을 미리 보고 부제목에 의해 지시된 단락들에 대한 대략적인 개요표를 숫자와 문자를 이용해서 만든다. |
|---|---|
| ② 읽기 | 단락들을 읽어 나가면서 그 단락에 대한 개요를 채운다. |
| ③ 개요 작성하기 | 각각의 단락에 대해서, 자신의 말로 중심 생각을 쓴다. 그 다음에 뒷받침되는 상세한 사항들을 채운다. 중요한 단락의 마지막 부분에서, 자신의 말로 그 단락의 중심 생각을 쓰고, 왼쪽 가장자리에는 중요한 구로 하위절을 요약한다. |
| ④ 공부하기 | 읽고 난 후, 자신이 쓴 위계적인 요약(hierarchical summaries)을 검토한다. |
| ⑤ 다시 말하기 | 끝으로, 다른 사람과 짝을 지어서 독서 과제에서 그들이 배운 것을 구두로 재진술한다. |

이 절차는 협동적 요약하기에도 적용할 수 있다. 협동적 요약하기는 여럿이서 글을 한 부분씩 돌아가며 읽으면서 위계적 요약을 작성하는 것이다. 작성된 요약을 다른 그룹의 것과 비교하여 제안된 것 중에서 선택하거나 결합시키는 방법으로 위

계적 요약을 완성시켜 나간다.

앞으로 인간의 기능을 흉내내는 데 초점을 둔 기초 연구가 각광받을 것이다. 뛰어난 시각·청각·후각을 제공하는 센서는 미래 로봇의 눈·귀·코가 될 것이다.

사이라노라는 기업은 의약, 국방, 가정, 왁 등 다양한 용도로 쓸 수 있는 후각 센서를 칩 하나로 통합하기 위해 냄새의 본질에 대해 연구하고 있다. 캘리포니아 공대에 투입된 사이라노 연구원들은 냄새를 디지털화하여, 디지털 코드로 해석하고 전송하는 기술을 연구하고 있다. 이 디지털 후각 장치는 유독성 폐기물을 탐지하는 것에서 지뢰를 탐색하는 데 이르기까지 용도가 무궁무진하다. 이 기술은 후각 기관이 손상된 사람에게 희망을 가져다 줄 것이다.

만약 이런 기술을 시각, 청각, 심지어 동작에까지 적용한다면 21세기에는 수백 가지의 새로운 직업과 사업이 등장할 것이다. 따라서 인간의 감각이나 행동을 인공으로 합성하는 기술은 제품과 서비스에서 깜짝 놀랄 만큼 새로운 기회를 창출할 것이다.

— 이인식 『NANO : 나노 기술이 미래를 바꾼다』

 제 1 문단 : 인간의 기능을 흉내내는 연구가 활발히 진행되고 있다.

제 2 문단 : 사이라노라는 회사에서는 후각 센서의 개발을 연구하고 있는데, 그 응용 분야가 굉장히 많을 것이다.

제 3 문단 : 감각의 디지털화 기술이 새로운 산업이 될 것이다.

요    약 : 인간의 기능을 흉내 내는 연구가 활발히 진행되고 있다. 사이라노라는 회사에서는 후각 센서의 개발을 연구하고 있는데, 그의 응용 분야가 굉장히 많을 것이다. 이와 같이 감각의 디지털화 기술이 새로운 산업이 될 것이다.

### (2) 고공표 작성하기

위계적 요약 방법을 사용하면 읽기를 통하여 지식을 습득할 수 있을 뿐만 아니라 그 내용이 어떤 의미와 맥락을 갖는가를 전체적으로 조망하기 쉬워진다. 이렇게 높은 곳에서 전체를 조망하듯이 위계적 요약 절차에 따라 각 정보의 핵심 요소를 엮어 글 전체의 구조를 볼 수 있도록 요약하는 방법이 고공표 작성하기이다. 사람마다 고공표를 만드는 방법은 다를 수가 있다. 네모난 표로 만들 수도 있고 그림으로 표현할 수도 있으며, 중심 아이디어를 가운데다 놓고 가지치기를 해가며 밖으로 뻗어 나가는 형태로 그리는 방법도 있다. 고공표를 작성함으로써 전체를 요약한 후에, 고공표 안에 있는 자료들 간의 전체적인 연결관계를 살핌으로써 개념 간의 상호관계를 엮어 보면 기억을 향상시키는 데 도움이 된다. 전체를 이루고 있는 각 부분은 서로 유기적인 관계로 연결되어 있는데 그 연결고리를 찾아내는 것이다. 이를 위하여 반복-강조, 비교-대조, 시간 순서, 원인 결과 등의 관계에 유의한다.

다음은 원활한 의사소통에 관련된 책을 요약하여 고공표로 만든 것이다. 이런 방법으로 책 한 권을 한 장으로 요약할 수 있다.

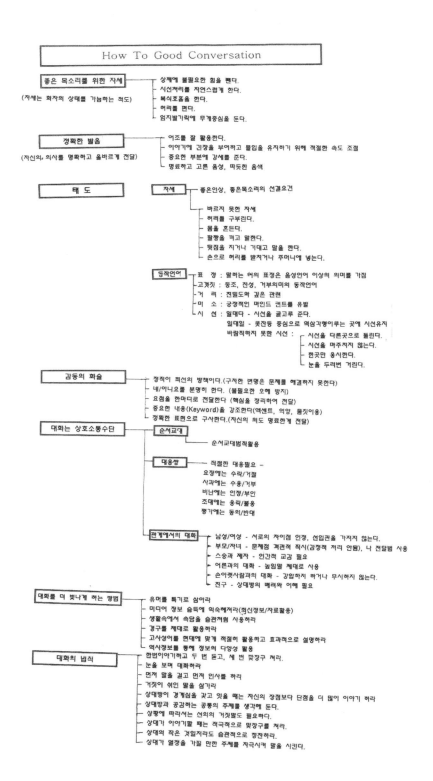

놀이가 무엇인지를 분명히 하기 위해 놀이와 노동을 구분해 보자. 호이징하는 문화란 본질적으로 놀이라고 정의한다. 호이징하에게는 모든 문화가 놀이다. 우리가 놀이를 인정함으로써 '정신'을 인정하게 된다고 주장하는데, 그 이유는 어떤 종류의 놀이도 물질이 아니기 때문이라는 것이다. 그럼 호이징하가 말하는 놀이의 본성은 무엇인가? 그에게는 재미가 놀이의 본질에 가장 중요한 요소다. 그리고 자유라는 것이 놀이의 형식적 특징에서 중요한 구실을 한다.

놀이의 본질을 규정하는 요소를 재미와 자발성이라고 해도 무난할 것이다. 사전을 보면 노동이란 '육체나 정신의 힘을 들여 생산 활동을 하는 일'이라고 하고, 또한 일이란 '무엇을 만들거나 이루기 위해서 생각하고 몸을 움직여야 하는 인간의 활동'이며, 놀이는 '즐겁게 노는 짓'이라고 한다. 이 정의에 따르면 일과 노동은 별 차이가 없다. 그리고 놀이는 일이나 노동이 될 수 없어 보인다. 왜냐하면 노동이나 일이 즐겁게 노는 짓이 되기는 어렵기 때문이다. 즉 노동이나 일은 노는 짓과는 달리 생산 활동을 하거나 무엇을 이루기 위한 인간의 활동이기 때문이다.

사실, 이런 사고방식은 일반적이다. '열심히 일한 당신, 떠나라!'라는 광고 문구에서도 볼 수 있듯이, 우리는 일을 하고 나서야 놀 수 있다고 여긴다. 하지만 호이징하의 놀이 정의에 따르면 일이나 노동도 놀이가 될 수 있다. 왜냐하면 놀이의 본질은 재미와 자발성에 있으므로 일이나 노동에 재미와 자발성이 있다면 놀이에 속할 수 있기 때문이다. 즉 생산 활동을 위해 공장에서 일하지만 그 일에서 재미를 느끼고, 강요에 의하지 않고 자발적으로 일한다면 그 일이 놀이가 될 수 있다. 일이란 용어는 노동에 가깝고 놀이와는 거리가 멀어 보이지만 앞의 규정을 따르면 일과 놀이, 노동과 놀이는 양립 가능한 개념들이다.

— 탁석산 『철학 읽어주는 남자』

위의 글을 고공표로 작성하여 요약하면 다음과 같다

| 개요 | 상세 내용 |
|---|---|
| 놀이의 본성 | **호이징하 :** 문화=놀이<br>놀이의 인정은 정신의 인정이지 물질의 인정이 아님<br>놀이의 본질은 재미 |
| 놀이와 노동의 차이 | **놀이의 본질을 규정하는 요소 :** 재미와 자발성<br>**노동 :** 육체나 정신의 힘을 들여 생산 활동을 하는 일<br>**일 :** 무엇을 만들거나 이루기 위해서 생각하고 몸을 움직여야 하는 인간의 활동<br>**놀이 :** 즐겁게 노는 짓<br>노동이나 일은 즐겁게 노는 짓이 되기는 어렵기 때문에 놀이는 일이나 노동이 될 수 없다. |
| 노동도 재미와 자발성이 있으면 놀이가 될 수 있다. | 호이징하의 놀이 정의에 따르면 일이나 노동도 재미와 자발성이 있다면 놀이가 될 수 있다. 즉, 일과 놀이, 노동과 놀이는 양립 가능한 개념들이다. |

### (3) 지도 작성하기(mapping)[마인드 맵 작성하기]

지도 작성하기는 글쓰기가 덜 관여하기에 고공표로 작성하는 데 시간도 덜 걸리고 표제가 없는 글에 대해서도 작성할 수 있어 글을 요약하는 데 효과적이다.

다음은 앞에서 보여준 원활한 의사소통에 관련된 책을 요약하여 마인드 맵으로 만든 것이다. 이런 방법으로도 책 한 권을 한 장으로 요약할 수 있다.

지도 작성하기(mapping)[마인드 맵 작성하기]의 절차는 다음과 같다.

① 3~4쪽 정도의 글을 읽는다.

② 윗부분과 아랫부분의 사이에 있는 빈 공간에 글의 제목을 적는다.

③ 주요 토픽을 고르기 위해 대충 읽는다.

④ 번호를 매기고, 주요 토픽들은 가운데 상자를 중심으로 시계 방향으로 배치한다.

⑤ 각 토픽을 뒷받침하는 중요한 세부 사항을 2~4개 정도 고르기 위해 다시 대충 읽는다.

⑥ 이들 세부 사항들은 (쓰는 양을 줄이기 위해) 문장 대신 구의 형태로 적는다.

⑦ 각 토픽과 중요한 세부 사항들 주변에 상자를 그린다.

⑧ 각 토픽과 그 밑의 정보를 읽는다.

⑨ 정보를 자신에게 말하고, 기억했는지 회상해 본다.

⑩ 책을 읽고, 지도에서 작성한 것 중 기억할 수 있는 모든 것을 짝과 서로 교대로 말해 본다.

(4) 도식하기

도식하기는 상위 정보와 하위 정보 간의 관계성을 단서화(cuing)하는 시각적 장치를 만드는 행위이다. 즉 도식하기는 중요한 정보와 덜 중요한 정보들을 구별하기 위해 글의 내용을 시각화하는 방법이다. 도식하기는 오스벨(Ausubel)의 선행 조직자 개념과 밀접한 관련이 있으며, 최소한의 단어를 유지하면서 정보를 위계순으로 배열함으로써 시각화된다.

그러므로 전체와 관련 부분들 모두를 보는 형태로 제시되기 때문에, 즉시적 이해와 쉬운 파지에 영향을 주게 된다. 교과서에서 흔히 발견되는 조직 구조는 단순 목록화(simple listing), 시간 순서화(time ordering), 비교/대조, 원인/결과 등인데, 알버만(Alvermann)은 이러한 교재의 조직 구조를 표상하기 위해 직선, 화살표를 사용하여 정보의 위계 순서화를 위한 도식 조직자를 구성하였다. 그는 교과서 자료의 중심 내용 이해를 돕기 위하여 사용을 추천했지만 요약하기와도 상당한 관련이 있다. 도식 조직자에게는 3가지 다른 유형의 도식 조직자로 재구조화 조직자, 뒤돌아보기 조직자, 조직자 + 요약하기 등이 있으며, 확장된 조직자에는 수업 조직자와 주제 조직자가 있다.

빈 칸 메우기 도식하기에서는 교과서 자료 글을 읽기 전에 부분적으로 완성된 이러한 조직자를 먼저 보고 나서, 읽기 중에 또는 읽은 후 빠진 정보를 채운다. 이러한 빈 칸 메우기 도식 조직자는 덜 숙련된 독자에게 특별한 동기 유발을 시킬 수 있고, 읽은 것에 대한 회상을 증진시키는 데 효과가 있다.

나노란 원래 $10^{-9}$ 단위를 얘기하는 말이다. 우리가 사용하는 도량형은 $10^3$ 즉 1,000배 단위로 고유명사가 붙는다. $10^3$은 킬로(K), $10^6$은 메가(M), $10^9$은 기가(G), $10^{12}$은 테라(T)다. 컴퓨터가 보편화되면서 램이나 하드 디스크의 용량을 나타내는 단위들로 더 익숙해진 용어들이기도 하다. 반대로 소수점 아래로 세 자리씩 내려갈 때도 고유 단위가 붙는다. $10^{-3}$은 밀리(m), $10^{-6}$은 마이크로(μ), $10^{-9}$은 나노(n), $10^{-12}$은 피코(p)라는 단위를 쓴다. 바로 여기서 나노가 등장하며, 1나노미터는 1m의 10억분의 1을 가리킨다.

이렇게 상상하기 힘든 극소량의 단위가 어느덧 나노 테크놀로지란 모습으로 우리 곁에 다가와 있다. 하지만 나노 테크놀로지는 단지 극소형의 사이즈만을 연구하는 것이 아니다. 나노테크는 분자나 원자 수준의 물질을 만들고 제어하는 기술과 원자나 분자들을 적절히 배합·결합시켜 기존 물질의 변형이나 개조, 신물질 창출을 가능하게 하는 기술을 통틀어 말한다.

쇠붙이를 금으로 변화시키려는 고대 연금술사들의 노력을 상상해 보라. 그리고 나노테크가 21세기에 더 극적이며 더 많은 이득을 가져온다는 것을 생각해 보라. 재료과학, 화학, 컴퓨터공학, 물리학에 기반을 둔 나노테크는 모든 디지털 기술이 모이는 정점이 될 것이다. 지금 나노테크의 지지자들이 예언하는 여러 형태의 개가가 예정대로 나타나지 않더라도, 이 가장 강력한 파워툴은 새 천년에 지대한 영향을 가져올 것이다. 작은 조립공과 기계로 무한히 작고 보이지 않는 세상을 만드는 기술은 현실에 대한 개념을 변화시키고 미래의 사업을 완전히 새로운 방향으로 나아가게 할 것이다. 고대 연금술이 현대 화학과 물리로 진보했듯이, 나노테크도 다음 단계의 기술로 멋지게 나아갈 것이다.

나노테크의 궁극적인 단계는 얼마나 복잡하든 크기가 어떻든 간에, 말 그대로 어떤 것이든 창조해 내는 메커니즘을 제공하는 것이다. 하지만 이 역시 나노테크에 대한 설명 가운데 하나일 뿐이다. 나노테크는 이전에 가능할 것이라고 생각조차 못했던 새로운 분자나 물질을 만들어 내는 기술이다. 그것이 얼마나 중요한지 말로는 충분히 설명할 수 없을 정도다. 나노테크는 기술적으로 사소한 진보도 아니고, 최신 과학 이론의 어정쩡한 분파도 아니다. 나노테크는 초기 인류가 도구를 처음 발명하고 진보시킨 것만큼 중요하고 기념비적인 기술이다. 이 파워툴을 그만한 가치만큼 활용하지 못한다면, 인류는 아마 지구에서 생명을 유지하는 데 필요한 대부분의 것을 얻지 못하게 될지도 모른다. 2025년께가 되면 세계 인구는 거의 3배로 늘어날 것이다. 음식이나 주거지 같은 자원은 물론 보건의료나 교육처럼 필수적인 서비스도 현재 수준으로는 인구 증가를 따라갈 수가 없다. 첨단 기술만이 인류가 필요한 것을 구해 줄 수 있다는 희망을 갖고 있는 것이다. 따라서 나노테크라는 훌륭한 파워툴을 손에 쥐려면 모든 산업의 지도자들이 최신 연구와 그에 따르는 계획의 타당성을 인식해야 한다.

나노테크는 세상을 바꾸는 급작스런 단일 사건으로 끝나지는 않을 것이다. 나노테크의 효과는 정보 기술, 생명공학 등 첨단 기술 분야뿐만 아니라 전통 산업에서도 기능성 나노 신소재 개발을 통해 지대한 영향을 미치게 될 것이다. 예를 들어 자동차, 항공기 등 운송 산업에서는 연료 절감을 위해 부품들의 경량화와 동시에 안정성을 위한 기계적 강도의 우수성을 요구하고 있다. 이를 위해 최근 나노 복합 소재가 개발되어 응용되고 있다. 이 소재는 나노미터 두께의 세라믹과 고분자가 층상 구조를 이루고 있는 물질로 기존의 금속 재료보다 기계적 강도는 좋지만 무게는 가벼운 특성을 보인다. 일본의 도요타 자동차는 최근 기존의 자동차 연료 탱크보다 무게는 1/3정도 가벼우면서 충격에 10배 이상 강한 연료 탱크를 개발하였는데, 이 연료 탱크가 바로 나노 복합 소재를 이용한 것이다. 그렇게 되기 위해서는 몇 가지 문턱을 넘어야 한다. 이렇듯 나노테크의 영향은 서로 관련된 기술과 공정이 함께 뒤얽혀 나타날 것이다. 첫 번째는 나노테크가 과연 가능한가에 대해 분명한 비전을 갖는 것이다. 다음은 음식, 에너지, 철, 물 같은 물질을 제조하기 위해 원자나 분자를 배열하는데 필요한 나노 도구를 만드는 것이다. 나노테크는 궁극적으로 화학 도구상자다.

— 이은희, 『과학 읽어주는 여자』

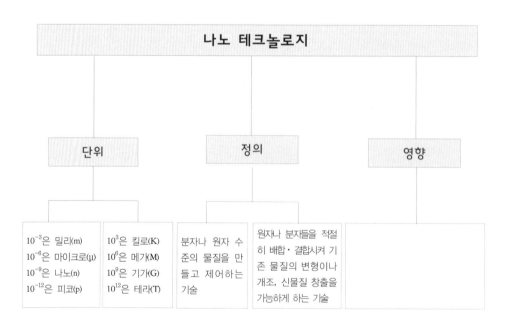

|  | 나노 테크놀로지 | |
|---|---|---|
| 단위 | 정의 | 영향 |
| $10^{-3}$은 밀리(m)  $10^{-6}$은 마이크로(μ)  $10^{-9}$은 나노(n)  $10^{-12}$은 피코(p) ／ $10^{3}$은 킬로(K)  $10^{6}$은 메가(M)  $10^{9}$은 기가(G)  $10^{12}$은 테라(T) | 분자나 원자 수준의 물질을 만들고 제어하는 기술 ／ 원자나 분자들을 적절히 배합·결합시켜 기존 물질의 변형이나 개조, 신물질 창출을 가능하게 하는 기술 |  |

다음 예문을 위계적 요약 방법으로 요약하여 보자

교육은 지난 몇 세대 동안 형태와 방식에서 바뀐 것이 거의 없다. 학습 방법의 거의 대부분은 교사나 책에서 학생에게 흘러가는 정보의 일방통행이었다. 정보에 접근하는 방식이 크게 바뀌었는데도 교육에 있어서 정보의 전달은 느리고 부족하거나 잘못된 경우가 많았다.

교과서는 보통 집필하는 데 1~3년이 걸리고, 출판하는 데 또 1~2년이 걸린다. 과학과 의학과 공학의 발전은 전문 잡지도 따라잡기 어려울 정도로 빠르다. 지식이 이렇게 빠르게 급증하고, 인터넷과 컴퓨터 같은 새로운 기술이 등장하면서 교육에 대해 다시 생각해 볼 필요가 생긴 것이다.

언제 어디서나 필요한 내용을 곧바로 제공하는 평생 가상교육은 미래의 진보를 이끌면서 기업의 시장점유율과 생존을 좌우하는 엔진이 될 것이다. 인터넷은 관련 기술을 결합하여 만든 교육 시스템의 중추다. 교육은 대학에서 끝나는 것이 아니라 일생동안 끊임없이 계속되는 학습으로 다양한 기회를 창출할 것이다.

전 세계적인 교육 시스템을 만들기 위해 앞으로 10년간 수십억 달러가 투자될 것이다. 모든 산업과 세계 시장 구석구석에서 가상교육은 가장 핵심적인 임무 지향 전략이 될 것이다. 생명공학, 유전자 복제, 무선통신, 로봇공학, 우주탐사, 우주개척, 인공생명, 해양농업, 인공지능, 인조두뇌 등의 분야에서 가상교육이 첨단 기술을 널리 퍼뜨리면서 다양한 새로운 직업이 등장할 것이다. 지금은 이런 직업이 이상하게 보일 것이다. 그러나 불과 몇 년 전만 해도 인터넷 지오시티 같은 온라인 공동체를 만들 것이라고 몇 명이나 예상했던가? 또 인간 유전자를 복제하고 유전자 지도를 만드는 것에 대해 비웃지 않았던가? 가상교육은 빠르게 변하는 환경에 적응할 수 있는 유일한 방법이다.

— 제임스 캔턴 『테크노 퓨처』

다음 예문을 위계적 요약 방법으로 요약하여 보자

"어떤 상인이 행복의 비밀을 배워오라며 자기 아들을 세상에서 가장 뛰어난 현자에게 보냈다네. 그 젊은이는 사십 일 동안 사막을 걸어 산꼭대기에 있는 아름다운 성에 이르렀지. 그곳 저택에는 젊은이가 찾는 현자가 살고 있었지. 그런데 현자의 저택, 큼직한 거실에서는 아주 정신없는 광경이 벌어지고 있었어. 장사꾼들이 들락거리고, 한쪽 구석에서는 사람들이 와자지껄 이야기를 나누고, 식탁에는 산해진미가 그득 차려져 있더란 말일세. 감미로운 음악을 연주하는 악단까지 있었지. 현자는 이 사람과 저 사람과 이야기를 하고 있었어. 젊은이는 자기 차례가 올 때까지 두 시간을 기다려야 했지. 마침내 젊은이의 차례가 되었어.

현자는 젊은이의 말을 주의 깊게 들어주긴 했지만, 지금 당장은 행복의 비밀에 대해 설명할 시간이 없다고 했어. 우선 자신이 저택을 구경하고 두 시간 후에 다시 오라고 했지. 그리고는 덧붙였어.

'그런데 그 전에 지켜야 할 일이 있소.'

현자는 이렇게 말하더니 기름 두 방울이 담긴 찻숟가락을 건넸다네.

'이곳에서 걸어 다니는 동안 이 찻숟가락의 기름을 한 방울도 흘려서는 안 되오.'

젊은이는 계단을 오르내릴 때도 찻숟가락에서 눈을 뗄 수 없었어. 두 시간 후에 그는 다시 현자 앞으로 돌아왔지.

'자, 어디……'

현자는 젊은이에게 물었다네.

'그대는 내 집 식당에 있는 정교한 페르시아 양탄자를 보았소? 정원사가 십 년 걸려 가꿔놓은 아름다운 정원은? 서재에 꽂혀 있는 양피지로 된 훌륭한 책들도 살펴보았소?'

젊은이는 당황했어. 그는 아무것도 보지 못했노라고 고백했네. 당연한 일이었지. 그의 관심은 오로지 기름을 한 방울도 흘리지 않는 것이었으니 말이야.

'그렇다면 다시 가서 내 집의 아름다운 것들을 좀 살펴보고 오시오.'

그리고 현자는 이렇게 덧붙였지.

'살고 있는 집에 대해 모르면서 사람을 신용할 수 없는 법이라오.'

이제 젊은이는 편안해진 마음으로 찻숟가락을 들고 다시 저택을 구경했지. 이번에는 저택의 천장과 벽에 걸린 모든 예술품들을 자세히 살펴볼 수 있었어. 정원과 주변의 산들, 화려한 꽃들, 저마다 제자리에 꼭 맞게 놓여 있는 예술품들의 고요한 조화까지 모두 볼 수 있었다네. 다시 현자를 찾은 젊은이는 자기가 본 것들을 자세히 설명했다.

'그런데 내가 그대에게 맡긴 기름 두 방울은 어디로 갔소?'

현자가 물었네. 그제서야 숟가락을 살핀 젊은이는 기름이 흘러 없어진 것을 알아차렸다네.

'내가 그대에게 줄 가르침은 이것뿐이오.'

현자 중의 현자는 말했지.

'행복의 비밀은 이 세상 모든 아름다움을 보는 것. 그리고 동시에 숟가락 속에 담긴 기름 두 방울을 잊지 않는 데 있도다.'"

— 파울로 코엘료, 『연금술사』

실전연습 3

아래 글을 읽고 지시에 따라 글의 내용을 요약해 보자.

　　세계에서 가장 오래된 목판 인쇄물인 우리의 『무구정광대다라니경』이 당나라에서 제작되어 신라로 넘어간 것이라고 억지 부리는 중국학자들도 감히 자기들 것이라고 주장하지 못하는 것이 있다. 바로 현존하는 세계(最古)의 금속 활자 인쇄본 서적인 『백운화상초록불조직지심체요절』이다. 인쇄된 연도와 장소가 적혀 있지 않은 『다라니경』에 비해서 『직지심체요절』에는 "청주 교외의 흥덕사에서 인쇄했다"는 기록이 책 끝 부분에 분명하게 씌어 있어, 한국에서 제작된 것이라면 모두 자기들이 만들어 하사한 것이라고 주장하는 중국학자들도 억지를 부리기가 힘들다. 고구려 고분의 별자리 천문 벽화가 중국에 빼앗길 위기에 처해 있고, 다라니경과 측우기를 이미 중국에 빼앗겨 버린 처지에 비하면 차라리 다행스럽게 여겨야 할 판이다.

　　『직지심체요절』이 세상에 알려져 큰 주목을 받은 때는 불과 30여 년 전이다. 1972년 '세계 도서의 해'를 기념하기 위해 프랑스 파리에서 열린 도서 전시회에 프랑스 국립도서관에 오래도록 소장되어 있던 『직지심체요절』이 출품되면서 처음으로 학계와 일반인들에게 알려졌다. 그런데 사실 서지학자와 역사학자들은 『직지심체요절』을 이미 오래전부터 알고 있었다. 모리스 쿠랑(Maurice Courant)의 유명한 『한국서지(Bibliographie Coreenne)』(1894~96)의 부록(1901)에 금속 활자본 서적으로 소개되어 있었기 때문이다. 즉, 쿠랑에 의해서 조선에 남아 있는 금속 활자본 서적이라는 정보가 알려진 후 80년 가까운 시간이 흐른 뒤에야 비로소 세상의 빛을 본 셈이다. 『직지심체요절』이 세상에 처음 공개되었을 때 많은 서지학자들은 그것이 지구상에 현존하는 가장 오래된 금속 활자본 서적이라는 사실을 인정할 수밖에 없었다. 책의 끝 부분에 적혀 있는 "선광 7년(1377) 7월에 청주목 교외 흥덕사에서 금속 활자로 인쇄하다"는 생생한 기록 때문이었다. 이 기록은 『직지심체요절』이 구텐베르크의 인쇄보다 무려 70여 년이나 앞선 1377년에 금속 활자로 인쇄된 서적임을 말해 주었다. 이처럼 1972년 세상에 처음 공개된 직후 『직지심체요절』은 이 책을 맨 먼저 발굴하고 전시회에 출품하는 데 결정적인 기여를 한 프랑스 국립도서관의 극동도서부 사서 박병선 씨가 원본 크기의 흑백 사진을 직접 가지고 귀국해 들어오면서 서지학적 연구가 본격적으로 진행되었다.

1985년에는 『직지심체요절』이 인쇄된 곳인 흥덕사 터가 청주에서 관련 유물과 함께 발굴되면서 간혹 『직지심체요절』의 간행 진위에 의심이 가해지던 논쟁에 종지부를 찍었다.

그리고 2001년 『직지심체요절』은 유네스코 지정 세계기록유산에 등재되었다. 현재 『직지심체요절』의 간행처인 흥덕사가 있는 청주시는 이와 같은 역사적 사실을 부각시키면서 흥덕사 터에 청주고인쇄박물관을 세우는 등 구텐베르크 인쇄의 발상지인 독일의 마인츠와 함께 세계 인쇄 문화의 메카로 자리잡기 위해 총력을 기울이고 있다. 과거 전통 문화와 교육의 중심 도시로 알려져 있던 지방 도시 청주가 세계 인쇄 문화의 메카로 탈바꿈하고 있는 것이다.

인쇄술과 인쇄 문화에서 동아시아 지역은 동서양을 막론하고 가히 원조임에 분명하다. 유럽에서 엄청나게 비싼 양피지로 어렵게 필사해서 극소수의 상층 특권 계급과 식자층들을 위해 단지 몇 권의 책을 만들던 때에, 동아시아에서는 값싸고 질 좋은 종이를 개발해 서적을 대량으로 인쇄, 간행했다. 유럽이 15세기 중반 무렵까지도 필사에 의존해 어렵사리 책을 만들던 데 비해서, 동아시아에서는 늦어도 8~9세기에 목판본 서적들이 대량으로 인쇄, 간행되기 시작했다. 물론 그 시작은 중국일 것이다. 그러나 현존하는 세계 최초의 목판 인쇄물인 『무구정광대다라니경』이 751년 이전에 신라에서 인쇄된 것에서 알 수 있듯이 목판 인쇄술이 중국의 전유물은 아니었다.

목판 인쇄에 이어 활자 인쇄도 중국에서 11세기에 처음 등장했다. 평민 출신으로 알려진 필승(畢昇)이 점토를 구워 활자를 만들고 밀랍으로 핀을 짜서 인쇄하는 기술을 개발한 것이 치옴이었다. 이것을 이른바 '교니활자' 또는 '도활자'라 부르는데, 서적을 간행하는 데 실용화될 정도로 유용한 활자는 못 되었다. 이후 중국에서는 교니활자의 단점을 극복하기 위해 나무 활자나 주석 활자를 고안하기도 했다. 그러나 역시 기술력의 부족으로 활자를 이용한 서적 간행은 실용화되지 못했다. 기술적으로 가장 개선된 중국의 활자는 14세기 초 왕정(王禎)이 개발한 것이었다. 왕정은 두 가지 기술적인 개선을 이루어냈다. 하나는 완전히 평평한 판목을 만들고 거기에 인쇄에 적합한 목활자를 파는 것이었고, 다른 하나는 '회전 활자대'라는 활자 정리 도구를 만들어 식자에 편리하도록 활자를 계통적·기계적으로 정리한 것이었다. 이 방식으로 왕정은 1314년 무렵 6만여 자의 목활자를 만들어 지방지 100여 부를 인쇄했다. 중국에서 활자 인쇄술의 개발과 활용은 이것이 전부였다. 14세기 초 왕정이 목활자 인쇄술을 실용화 단계까지 개발했으나, 그 후 목활자의 활용이 어느 정도 진척되었는지는 매우 의문이다. 왕정이 편찬한 원대의 유명한 『농서(農書)』(1313)도 그의 목활자로 인쇄되지 못했으니까 말이다. 특히 나무라는 재질이 지니는 본질적인 한계 때문에 목활자로 활용되기에는 근본적인 한계가 있었다. 즉 재질이 약해 한두 번만 인쇄해도 활자를 다시 사용하지 못할 정도가 된다든지, 어느 정도 시간이 흐르면 활자가 비틀어져 오래 두고 사용할 수 없는 등 결정적인 결함이 있었다.

이처럼 중국에서 활자 인쇄술이 실용화되지 못하고 있던 때, 이웃 고려에서는 어땠을까? 고려에서 언제 처음 금속 활자를 만들었는지, 그것이 중국의 금속 활자보다 빨랐는지에 대해서는 이견이 분분하다. 그럼에도 늦어도 13세기 초에는 금속 활자가 만들어져 중국에서와 달리 실용화되었을 것으로 추정한다. 기록에 따르면 가장 먼저 금속 활자로 인쇄된 서적은 『남명천화상송증도가(南明泉和尙頌證道歌)』로 1239년 이전에 활자가 주조되었다. 이와 비슷한 시기에 고려 인종 때 문하시평장사(門下侍郎平章事)를 지낸 학자 최윤의(崔允儀)가 왕명으로 고금의 예문을 모아 편찬한 『상정고금예문(詳定古今禮文)』 28부가 1234년에서 1241년 사이에 인쇄되었다. 이 금속 활자 인쇄본들은 모두 고려의 중앙정부에서 제작되었는데, 이러한 중앙 정부에 의한 금속 활자 인쇄는 14세기 말(1392) '서적원(書籍院)'이 설치되면서 제도적으로 정착하기에 이르렀다. 그러나 아쉽게도 13세기에 주자되어 인쇄된 서적들은 현존하지 않는다. 현존하는 『증도가』는 번각본일 뿐이며, 『상정고금예문』의 인쇄 사실은 이규보가 쓴 「발미」 기록에 근거해 알려진 사실일 뿐이다. 1972년 파리의 도서 전시회에서 『직지심체요절』이 처음 공개되기 전에는 세계 최초의 금속 활자 인쇄술을 실용화한 고려의 인쇄본 서적들은 그 실체를 알 수 없었고, 단지 역사적 기록으로만 그 사실을 추정할 뿐이었다. 따라서 『직지심체요절』의 발굴과 소개는 한마디로 고려 금속 활자의 실체를 온 세계인들에게 보여 준 쾌거였다.

『직지심체요절』은 중앙 관서가 아닌 지방의 청주목 교외에 있는 흥덕사라는 절에서 주자되어 인쇄되었다. 이는 13세기에 시작된 중앙 관서에서의 금속 활자 인쇄술이 지방의 사찰에서 사사로이 행해질 만큼 14세기에는 널리 확산되었음을 말해 준다. 하지만 『직지심체요절』을 간행한 13~14세기 고려의 금속 활자 인쇄술은 인쇄 상태를 통해 알 수 있듯이 기술적 수준이 그리 높지 않았음을 인정해야 할 듯하다. 활자도 균일하지 못하고, 글자체도 아름답지 못했다. 또 밀랍을 이용해 활자를 고정시켜 조판했기 때문에 대량으로 인쇄하지도 못했다. 따라서 금속 활자 인쇄가 목판 인쇄를 대체한다는 것은 전혀 바랄 바가 아니었다. 실제로 국가적 사업으로 대장경이 목판으로 간행되었던 사실에서 잘 알 수 있듯이 고려시대에는 줄곧 목판 인쇄가 중심이었다. 다만 금속 활자를 개발해 서적 간행에 활용한 것은 당시의 사회적 여건에서 필요했기 때문이었다. 즉 몽고의 침입으로 서적이 대거 불타 없어지고, 중국으로부터의 수입도 일시적으로 중단된 상황에서 빠른 기간 내에 많은 종류의 서적을 간행해야만 했다. 단기간에 많은 종류의 서적을 소량 간행하는 데에는 당시의 금속 활자 인쇄 기술이 목판에 비해서 훨씬 적합했던 것이다.

기술 수준이 비교적 낮았던 고려의 금속 활자 인쇄술은 조선시대로 넘어오면서 한 단계 발전한다. 조선 태종대 1403년 고려의 서적원을 계승해 주자소(鑄字所)를 설립하고 청동으로 활자를 주조한 '계미자(癸未字)'는 그 준비 작업이었다고 할 수 있다. 고려의 금속 활자에 비해 꽤 개선되었지만 그래도 아직 미숙한 인쇄 기술에서 벗어나지는 못했다. 계미자의 단점이 대폭 개선된 것은 세종대에 들어와서였다. 1420년에는 경자자가, 1434년에는 갑인자(甲寅字)가 각각 주조되었는데, 모두 세종대 천문 의기의 제작을 총감독했을 뿐 아니라 조선 고유의 화약 무기를 개량하는 데에도 큰 업적을 남긴 이천의 주도 하에 이루어졌다.

계미자에서는 활자의 제작 작업에서부터 고려 활자의 기술이 대폭 개선되었다. 예컨대『직지심체요절』의 활자는 정제된 밀랍의 한쪽 면에 글자를 새긴 다음 도가니나 질그릇 만드는 찰흙을 잘 섞어 반죽한 것으로 덮어 씌워 주형을 만든 다음 구워냈다. 그런 다음 이 주형에 쇳물을 붓고 식으면 활자를 꺼내어 잘 다듬어 완성했다. 이 방식은 주형을 구울 때 밀랍으로 만든 어미자가 녹아 없어지기 때문에 같은 글자의 활자라도 같은 모양이 나오지 않아 책으로 찍어낸 면의 글자들이 고르지 못했다. 그런데 조선의 중앙 관서에서 제작한 금속 활자는 어미자를 밀랍으로 만들지 않고 황양목과 같은 나무에 각인해 만든 다음 갯벌의 고운 해감 흙을 판판하게 간 후 그 위에 나무로 새긴 어미자를 박아 주형을 만들었다. 이것이 성현의『용재총화(慵齋叢話)』에 소개된 방식이다. 이 방식으로 활자를 주조하면 같은 글자, 같은 모양의 활자를 필요한 수대로 얼마든지 만들 수 있었다.

경자자에서는 조판 기술에서 획기적인 기술 개발이 이루어졌다. 즉 그때까지 밀랍을 이용해 활자를 고착시키던 방식에서 벗어나 밀랍을 이용하지 않고 입방체로 균일하게 주조한 활자들을 얇은 대나무 조각을 이용해 고정시키는 방식을 채택한 것이다. 이것은 일종의 조립식 방식으로 밀랍이 밀리고 훼손되면서 조판을 새로 해야 했던 단점을 극복할 수 있었다. 물론 이러한 방식의 조판 기술은 그만큼 정밀한 활자를 주조할 수 있는 금속 제련 기술이 발전했기 때문에 가능했다.

이와 같은 계미자와 경자자의 기술은 크고 작은 20여 만 장의 활자를 주조한 갑인자에서 완성되었다. 뿐만 아니라 갑인자 인쇄 기술은 기름 먹에 아교를 진하게 섞어 만든 질 좋은 먹물의 개발과 1000년 동안 질이 변하지 않고 유지되는 최상 질의 종이 제작술, 그리고 정교한 청동 활자 주조 기술 등이 어우러져 탄생한 최고급 수준의 금속 활자 인쇄술이었다. 이 갑인자는 하루에 40여 장을 인쇄할 수 있을 만큼 조판 기술이 개선되었을 뿐 아니라. 주조 기술도 절정에 달해 갑인자로 인쇄한 서적은 15세기에 만들어진 전 세계의 서적 중에서 가장 아름다운 서적으로 평가받을 정도였다. 이처럼 우수한 갑인자는 조선시대 말기까지 여섯 차례나 새로 주조되어 서적 인쇄에 쓰였다. 물론 고려시대의 미숙했던 금속 활자 인쇄술을 개선해 완벽하게 완성한 15세기 조선의 금속 활자 인쇄술도 목판 인쇄를 대체하지는 않았다. 그러나 적어도 서울 중앙에서는 금속 활자를 이용해 서적을 간행하는 것이 주류였다. 중요한 유교 경전은 물론이고 『자치통감강목』 같은 역사서, 방대한 『조선왕조실록』에 이르기까지 수많은 서적들이 금속 활자로 인쇄되었다. 이와 같이 훌륭한 조선의 금속 활자 인쇄술은 유럽의 구텐베르크 인쇄술 이전에 이미 확립되어 있었으며, 『직지심체요절』에 가려 일반에게 잘 알려지지 않은 구텐베르크 이전의 아름다운 금속 활자 인쇄본 서적만 해도 다수가 현존해 있다.

국립출판소인 교서관(校書館)에서 간행하는 서적은 거의 전적으로 금속 활자로 인쇄되었다. 여기에는 활자를 주조하는 주조장(鑄造匠), 금속 제련을 담당하는 야장(冶匠), 주조된 활자를 다듬는 조각장 인출하는 작업을 맡은 인출장(印出匠), 활자를 교정하는 업무를 맡은 교정장(矯正匠) 등을 비롯해 여덟 개 분야의 기술자들이 소속되어 있었다. 그만큼 금속 활자 인쇄를 도맡은 교서관의 작업 공정은 전문화되었다.

조선의 유교 문화가 꽃핀 배경에는 이와 같은 금속 활자 인쇄술이 가장 큰 자리를 차지하고 있었다. 중국에서 들여오는 서적의 대부분이 조선에서 대량으로 인쇄되어 널리 보급되었다. 중앙 집권적 관료제 하에서 문민정치를 펼쳤던 중앙 정보와 유교 지식으로 무장하면서 빠르게 성장한 사대부 계층은 인쇄된 서적의 가장 큰 공급자이자 폭넓은 수요자들이었다. 조선 왕조는 민본적인 유교적 이상국가를 실현하기 위해 넓은 지식인층인 사대부들을 길러내는 교육을 강조하는 정책을 펼쳤고, 그럴수록 조선사회는 학문과 교양, 지식을 겸비한 사대부 지식인층이 지배하는 성숙한 유교 문화를 구축해 갔던 것이다.

―문중양 『우리 역사 과학 기행』

**01** 앞의 글을 내용 문단으로 나눌 때 몇 문단입니까? 문단을 나누고 각 문단의 요지를 적어 보자.

**02** 중심 생각(주제)을 적어 보자.

**03** 글의 내용을 고공표를 그려서 요약하여 보자.

**04** 글의 줄거리를 5~6줄 정도로 이야기하여 보자.

**05** 제목을 붙여 보자.

# 제 5 장

# 읽는 중 활동 (2)

## − 추론적 읽기

 **기초 다지기**

우리는 평소 의식적이든 무의식적이든 간에 글의 의미를 재구성하려 노력한다. 글에 명시적으로 드러난 정보만으로는 글쓴이의 의도가 제대로 드러나지 않기 때문이다. 글쓴이는 쓰고 싶은 내용이나 사실 모두를 글로 표현하지 않는다. 따라서 독자는 글 속에 나타나 있는 사실이나 생각 등을 이해하는 '있는 그대로 읽기'의 단계를 넘어, 글에 암시되어 있거나 함축되어 있는 것을 추리·상상하여 전체적인 글의 의미를 재구성할 줄 알아야 한다.

글의 의미를 재구성하며 읽는다는 것은 추론(推論)적 읽기 활동이 독자의 능동성을 요구한다는 의미이기도 하다. 추론적 읽기에서의 독자의 능동성이란 단순히 글에 명시된 내용만 파악하는 것이 아니라 글을 읽는 이의 배경 지식을 바탕으로 글에 숨은 의미를 파악하려는 자발적 활동이 전제되어 있음을 의미한다. 추론에 관한 사전적 의미만을 보더라도, '기존의 명제들로부터 결과를 유도해 나가는 과정', '미루어 생각하여 논함', '어떠한 판단을 근거로 삼아 다른 판단을 이끌어 냄' 등으로 독자의 능동적 역할을 강조하고 있다.

추론적 읽기의 방법은 크게 논리적 추론과 관계적 추론으로 나뉜다. 논리적 추론은 글에 명시되어 있는 내용에서 전제된 내용을 추론하거나 생략된 내용을 유추해 가는 사유과정이고 관계적 추론은 어떤 사건이나 상황 그리고 글의 전체적인 구조를 통해서 글쓴이의 관점을 확인해 가는 사유의 과정이다. 추론적 읽기의 방법은 추론의 대상이나 읽기의 형태에 따라 독자의 선택적 읽기 방식을 요구한다. 따라서 독자는 글을 읽는 동안이나 읽은 후에도 어떤 유형의 추론이 필요한지 글의 종류나 글의 목적을 감안하여 종합적이고도 능동적인 추론에 임해야 한다. 이 장에서는 추론적 읽기 활동의 기초방법을 익히고 논리적 추론과 관계적 추론의 유기성과 상보성을 고려하면서 읽기 활동을 학습해 보도록 한다.

## 1. 논리적 추론

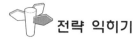 전략 익히기

사람은 누구나 자신만의 논리를 갖는다. 문제는 개인의 논리가 모두 객관적이지 못하다는 데 있다. 따라서 독자는 글을 읽는 과정 중에서 글쓴이가 내세우고 있는 논리가 자신에게도 합당한지 꼼꼼하게 따져봐야 한다.

논리적 추론은 검증된 전제로부터 출발하여 이와 연관된 새로운 지식을 도출하는 능력에서 비롯된다. 독자는 글에 명시되어 있는 정보를 기반으로 글의 최종 결론을 이끌어 낼 수 있는 숨은 정보가 무엇인지, 행간을 통해 읽어 낼 수 있는 함축된 정보와 숨은 정보는 없는지를 파악해야 한다.

여기에서는 논리적 추론의 전제와 결론에 대해 알아보고 글에서 생략된 부분의 의미를 어떻게 추론하며 재구성할 수 있는지를 학습해보고자 한다.

## 1) 전제와 결론의 추론

논리적 사고는 옳다고 생각하고 있는 근거에 입각하여 새로운 문제에 대해 판단을 내리는 과정이다. 이때 최종 판단을 이끌어 내는 데 필요한 근거가 바로 전제이다. 이러한 전제로부터 도출되는 최종 판단은 결론이 된다. 다시 말해 결론은 새로운 판단을 말하며, 전제는 이 새로운 판단을 성립하기 위한 근거가 된다. 따라서 전제와 결론의 추론은 '전제-결론'으로 이루어져 있는 글의 논리 구조를 이해하는 것에서부터 시작한다. 전제에 대한 정보를 바탕으로 숨은 결론을, 결론에 대한 정보를 바탕으로 숨은 전제를 바르게 추론하는 것이다.

전제의 추론은 글의 논리적 구조를 이해함으로써 글쓴이의 핵심 주장(결론)을 파악하고, 이를 통해 결론이 참이 되기 위해 글쓴이가 가정하고 있는 전제(논거)를 추리하는 활동이다. 결론의 추론은 글에는 직접 드러나 있지는 않지만, 명시적으로 드러나 있는 정보들을 근거로 하여 독자가 이끌어 낼 수 있는 새로운 주장이나 결론을 추리하는 유형이다. 가령, 윤제균 감독의 영화 『국제시장』에서 주인공 윤덕수와 손녀의 대화는 서로 다른 전제의 설정이 어떤 결론을 만들어 내는지를 잘 보여준다.

손녀 : "할아버지, 기억이 뭐예요?"
할아버지 : "자꾸 생각나고 잊혀지지 않고….."
손녀 : "그럼, 니은은 뭐예요?"
할아버지 : "……."

할아버지와 손녀는 하나의 대화를 나누고 있으면서도, 서로 다른 전제를 설정함으로써 결론이 달라지는 다소 우스운 상황을 연출한다. 이 둘의 대화에서 우리는 각자의 다른 전제 설정이 대화의 결과에 어떤 영향을 미치는지 알 수 있다. 물론 이 상황은 '기억'과 '기역'의 차이를 오해하는 둘의 의사소통의 문제에서 발생한다. 하지만, 이 대화에서 우리는 독자의 잘못된 전제의 추론이 언제든 결론의 방향을 다르게 이끌 수 있음을 알게 된다. 따라서 독자는 정확한 전제의 추론만이 정확한 결론을 도출할 수 있다는 점을 명심하면서 추론에 임할 필요가 있다.

> "두 사람의 굴뚝 청소부가 있다. 함께 청소를 하고 난 뒤 한 사람은 얼굴이 깨끗하고 다른 사람은 얼굴이 시꺼멓다. 누가 세수를 하겠는가?"
> 랍비가 제자에게 묻는다.
> "얼굴이 더러운 사람입니다."
> "아니다. 얼굴이 깨끗한 사람이다. 왜냐하면 동료의 얼굴을 보고 자신의 얼굴이 더럽다고 생각하기 때문이다."
> 랍비는 두 번째 똑같은 질문을 한다. 제자들은 왜 같은 질문을 반복하는가 의아해하면서 얼굴이 깨끗한 사람이라고 대답한다.
> "아니다. 굴뚝 청소 뒤 얼굴이 깨끗한 사람은 있을 수 없다."
>
> ─『탈무드』

▶ 『탈무드』의 「굴뚝 청소부」 이야기는 다양한 추론을 가능하게 해주는 열린 텍스트다. 그럼에도 전제와 결론의 추론과정이 명징하게 드러나는 텍스트이기도 하다. 이 글의 전제와 결론의 추론을 능동적으로 접근하기 위해서는 우선 글의 논리적 구조를 이해하는 것이 중요하다. 전제에 대한 정보를 바탕으로 결론이 어떻게 도출될 수 있는지 논리적으로 따져보고, 그 결론에 대한 정보를 바탕으로 전제 또한 올바른지 되짚어봐야 한다. 이 글의 전체적인 구도는 변증법적 구도를 취하고 있지만, 기본적으로는 '굴뚝을 청소한 사람'과 '세수를 해야 하는 대상'으로 글의 구도가 연결되어 있다. '굴뚝'이라는 정보는 '세수를 해야 하는 대상'을 분명하게 지시해줌으로 결론의 전제가 된다. '굴뚝 청소 뒤 얼굴이 깨끗한 사람은 있을 수 없다'는 랍비의 결론이 논리적으로 성립되고 추론될 수 있는 이유이다.

## 2) 세부 내용과 생략된 내용의 추론

세부 정보를 추론한다는 것은 한 편의 글 속에서 중심 내용을 뒷받침하여 논의를 확장시키는 모든 정보들 사이의 관계를 파악한다는 것을 의미한다. 글에 녹아 있는 정보 사이의 관계를 파악하고, 비교, 유추 또는 대조의 방법을 통해 글의 표면에 드러나 있지 않더라도 행간을 통해 읽어 낼 수 있는 함축된 정보들을 추론하는 유형이다.

생략된 내용의 추론은 세부 정보의 확장된 추론 형태로 이해할 수 있다. 생략된 내용의 추론은 정보 속에 생략되어 있거나 숨어 있는 정보를 찾아내는 활동을 말한다. 일반적으로 독자는 글을 읽을 때 주어진 정보가 무엇인지 파악하게 되면 주어진 정보의 관계 속에서 드러나지 않은 정보를 추론하려 노력한다. 이 과정을 통해 독자는 글 속에서 드러나지 않은 정보를 추리하게 되고 진술의 이면을 파악하게 되는 것이다.

기차는 조선을 바꾼 변화의 출발점이었다. 1899년 9월, 최초의 기차가 경인선 선로 위를 달렸다. 거대한 쇳덩어리가 요란한 경적을 울리며 움직이던 순간, 그것을 지켜보던 사람들은 이제 새로운 시대가 도래했다는 것을 직감했다. 미래는 그렇게 느닷없이 이 땅에 찾아왔다. 느닷없이 찾아온 기차의 등장으로 현실이 되어 버린 미래는 근대적 시간에 따라 호흡하는 새로운 세계의 문을 열었다.

기차는 시간표에 따라 움직인다. 최초의 기차도 마찬가지였다. 1905년경, 경인선 기차 시간표에는 "서울발 오전 06:35, 08:50, 인천착 오전 8:22, 11:03"이라고 표시되어 있었다. 분 단위로 표현된 기차 시간표! 얼핏 이것은 기차의 출·도착 시간이 언제인지를 알려 주기 위해 존재하는 것처럼 보인다. 하지만 시간표는 단순히 기차가 언제 출발하고 도착하는지를 알려 주기 위해 거기에 있었던 것이 아니다. 오히려 그것은 기차를 이용하려는 사람들은 누구나 분 단위로 구획된 근대적 시간에 따라 움직여야 한다는 것을, 만일 그렇지 않으면 새로운 세계의 신민으로 살아가기 어렵다는 것을 고지하기 위해 거기에 있었다.

- 오창섭 『우리를 디자인한 근대의 장치들』

글의 문맥 속에 숨어 있는 이야기와 글쓴이의 궁극적인 의도를 알아낸다는 것은 사실 쉬운 일이 아니다. 하지만 글쓴이가 말하고자 하는 바가 무엇인지 파악하게 되면 그리 어려운 일도 아닐 것이다. 글 속에 명시되어 있는 글쓴이의 생각을 알아차리는 가장 손쉬운 방법은 각 단락의 '소주제문'을 찾는 일이다. 기본적으로 글의 소주제는 두괄식과 미괄식, 양괄식, 중괄식 형태로 위치하지만, 가장 많은 소주제문의 형태는 '두괄식'을 따른다. 이 글에서의 소주제문은 '기차는 조선을 바꾼 출발점이었다'는 첫 문장이다. 이를 바탕으로 세부 내용과 생략된 내용을 추론해보면, '기차역에 자리한 시간표는 시간을 표시하는 게시물이었다기보다는 근대의 등장을 알리는 포고문이었다'라는 점이 강조되었음을 알게 된다. 기차의 도입이 조선을 바꾼 가장 큰 변화의 출발점이 되었으며, 조선이라는 나라에 시간의 규칙이 도입되었음을 말해준다. 나아가 19세기 말까지의 조선은 규칙적인 생활이 필요 없는, 다시 말해 근대적 시간이 지배하지 않는 농촌의 공간이었음을 추론하게 한다. 당시 조선인에게 기차의 등장은 말 그대로 생활의 모든 것을 변화시키는 계기이면서, 근대적 시간에 따라 생활해야 하는 새로운 생활 규칙의 통로가 되었음을 독자는 생략된 내용의 추론을 통해 살펴 볼 수 있다.

## 2. 관계적 추론

### 전략 익히기

추론적 읽기는 어떤 사건이나 상황의 관계 속에서 대상의 실체를 확인해 가는 사유의 한 과정이다. 그러한 사유는 단어나 문장 혹은 단락과 단락, 크게는 글 전체의 구도를 통해 나타나기도 한다. 이를 관계적 추론이라 부른다.

관계적 추론은 글의 구조와 전체적인 맥락을 기반으로 글쓴이의 관점과 의도 그리고 태도를 파악하는 활동이다. 또한 인과관계나 상하관계 혹은 글의 구조에 따라 글쓴이가 궁극적으로 전하고자 하는 내용이 무엇인지, 자신이 읽고 있는 내용과 일치하는지를 파악하는 것이다. 특히 관계적 추론은 글의 전후 문맥과 글 전체의 구조와 관계들을 추측하면서 글을 읽는 것이 무엇보다 중요하므로 독자는 문장과 문장사이의 관계와 문단과 문단 사이의 관계를 눈여겨보면서 추론에 임할 필요가 있다.

여기에서는 글쓴이의 관점 파악과 글의 전체적인 구조와 관계에 유념하면서 관계적 추론을 학습해 보도록 한다.

## 1) 관점·태도·의도의 추론

생략된 내용이나 숨겨진 이면의 진술을 파악하면 자연스럽게 이루어질 수 있는 것 중의 하나가 바로 글쓴이의 관점과 의도 그리고 태도에 관한 추론이다. 글을 쓰게 된 동기나 어떤 사건을 바라보는 시선 또는 관점을 추리하는 것은 그 글을 이해하는 가장 중요한 과정 중 하나라고 할 수 있다. 관점은 화제를 보는 시각을 말하는데, 글쓴이가 직접적으로 자신의 관점을 드러내기도 하고, 간접적으로 관점을 제시하기도 한다. 태도는 글쓴이가 화제에 대해서 취하고 있는 태도를 말한다. 의도는 글쓴이가 글을 쓰는 목적과 관련된 것인데, 글에 직접적으로 나타나는 의도가 있을 수 있고, 숨은 의도도 있을 수 있다. '궁극적인 의도'를 물을 때는 글에서 보이는 의도 이외에 최종적으로 글쓴이가 말하고자 하는 숨은 의도가 무엇인지 판단하며 읽이야 한다.

모든 글에는 글쓴이의 의도나 심리 그리고 태도 등이 전제된다면, 독자는 보다 적극적인 자세로 추론에 임할 수 있게 된다. 기본적으로 글은 말과 함께 의사소통의 한 부분에 속한다. 의사소통의 과정에 따르면, 글쓴이는 반드시 어떠한 목적을 가지고 글을 쓰게 된다. 목적이 있다는 것은 글의 전후 문맥이 글쓴이의 태도나 관점에 부합되는 적합한 의미들로 채워져 있음을 의미한다. 따라서 독자는 글쓴이가 어떠한 목적을 가지고 이 글을 썼는지, 그것의 계기는 무엇인지, 왜 이러한 표현을 했는지 등에 대해 적극적인 자세로 추론해야 한다. 만약 글을 쓰는 목적이 글에 직접적으로 드러나지 않는 경우라면, 글쓴이의 '궁극적인 의도'와 글의 성격의 관계를 따져 그 숨은 의도를 정확히 파악해야 한다.

▲김홍도 씨름

이 그림은 씨름하는 장면을 묘사한 그림이다. 화면 중앙에 그려진 씨름꾼들을 보면, 한쪽은 낭패의 빛이 역력한 표정이고, 다른 한쪽은 상대를 넘기기 위해 마지막으로 기를 바짝 모으고 있다. 이에 따른 구경꾼들의 반응도 흥미로운데, 화면 오른쪽 위에 있는 구경꾼들은 상체를 앞으로 굽히면서 승리의 순간을 열렬히 환호하고, 오른쪽 아래의 두 사람은 자신의 편이 넘어가는 게 얼마나 안타까운지 입을 벌리고 놀라서 몸을 뒤로 제치고 있다. 화면의 맨 아래에 등을 보이고 있는 어린이는 이러한 열띤 상황에도 아랑곳하지 않고 엿을 팔고 있는 엿장수를 쳐다보고 있다. 여기서 우리는 김홍도의 치밀함과 해학성이 엿보인다. 승리와 패배, 이에 따른 환호와 안타까움, 그리고 야단법석 가운데 무관심 등 각 인물에 대한 절묘한 상황설정과 탁월한 심리묘사가 이 그림의 매력이다.

▶ 단원 김홍도의 「씨름」은 그의 유명한 대표작 중 하나이다. 이 그림을 통해 독자는 작가의 관점이나 태도 그리고 의도에 대한 다양한 내용을 추론해 볼 수 있다. 김홍도의 풍속화는 등장인물의 감정이 주변 상황과 유기적으로 연결되어 화폭 속에 묘사된다. 좀 더 깊이 들여다보면 이 그림 속에는 작가만의 관점과 태도 그리고 그림을 일부러 틀리게 그리려는 의도가 짙게 깔려있음을 알게 된다. 예를 들면 오른쪽에 앉아 있는 구경꾼의 손의 모양은 뒤바뀌어 있다. 이런 식의 묘사는 김홍도의 「벼타작」이나 「점심」 같은 작품에서도 동일하게 드러나는 현상이다. 만약 누군가 손의 위치를 올바로 그려 넣었다면 그것은 위작이 된다. 따라서 김홍도의 틀린 그림 그리기는 단순한 실수라고 하기보다는 다분히 작가의 의도에 따른 치밀한 기획이라 할 수 있다.

또 하나, 이 그림에는 있어야 할 것이 없다. 무엇일까? 힌트를 주자면 이 세상의 반을 차지하는 것이다. 바로 여자이다. 만약 작가의 관점과 의도를 추론해 볼 수 있다면 독자는 김홍도가 그림 속에 숨겨놓은 조선시대의 중요한 풍속을 추론하는 것이 된다. 이 외에도 이 씨름의 승자는 누구인지, 시간은 얼마나 흘렀는지, 엿을 파는 아이는 좌뇌형인지 우뇌형인지 등등을 재미있게 추론해 볼 수 있다.

김홍도의 「씨름」은 글쓴이의 관점이나 태도 그리고 의도를 추론하는 데 있어 독자에게 필요한 추론 능력이 무엇인지 깨닫게 해준다. 이런 유형의 추론을 할 때에는 글쓴이의 의도나 관점을 무조건 배제하고 독자 자신의 주관적인 시선만을 통해 추론하는 것보다, 글쓴이가 본래 전하고자 하는 궁극적인 메시지가 무엇인지를 생각하며 읽는 것이 좋다. 간혹 독자가 지닌 정보는 기존의 관념이나 배경지식의 한계를 드러내기도 하기 때문이다. 따라서 독자는 글에서 명시된 시선과 자신의 배경지식을 적절하게 조율하면서 글쓴이가 지닌 관점과 태도 그리고 글을 쓰게 된 의도가 무엇인지를 정확하게 파악하는 것이 중요하다.

## 2) 인과관계 · 상하관계 · 구조의 추론

인과관계에 대한 추론은 이야기의 내용에 대한 근간을 형성하는 중요한 요소이다. 어떤 현상이나 사건이 원인과 결과의 관계를 맺고 있는 것을 추론해 내는 것을 인과관계의 추론이라고 할 수 있다. 특히, 설명을 위한 글이나 주장을 밝히는 글에서는 그 내용의 객관적 타당성과 합리성이 드러나야 한다. 서술된 내용들 사이의 논리적, 인과적 관계가 명확히 드러나는 글이라야 비로소 읽는 이는 독자에게 설득력을 발휘할 수 있기 때문이다.

상하관계의 추론은 글이 계층적 구조를 형성한다는 점을 이용하여, 상위 개념과 하위 개념 사이에는 하나의 기준만이 적용되어야 함을 강조한다. 독자는 하나의 기준을 통해 상위 개념 이후에 펼쳐질 하위 개념을 미루어 짐작할 수 있다. 이때 기준이 되는 것은 유사성이다. 하위 개념이 가지고 있는 공통된 성질을 상위 개념도 반드시 가지고 있어야 한다는 것이다. 또한, 하위 개념끼리는 서로 중복되지 않도록 고려하면서 추론해야 한다.

구조의 추론은 글을 읽는 과정에서 글의 전체적인 구조를 파악하면서 읽는 활동이다. 글의 구조를 파악하는 것은 단락들의 관계를 파악하는 것이다. 글쓴이가 설명에만 주력하는 글에서는 각 개념들의 위치를 미리 파악하고, 설득에 주력하는 글이라면 주장과 근거의 관계를 고려하면서 접근하는 것이 좋다. 또한 글이 복잡한 구조를 지녔다면, 글의 구조도를 그리고 각 개념들의 위치가 어떤 유기성을 지니는지 파악하는 것이 무엇보다 중요하다.

우주론자들에 따르면 우주는 빅뱅으로부터 시작되었다고 한다. 빅뱅이란 엄청난 에너지를 가진 아주 작은 우주가 폭발하듯 갑자기 생겨난 사건을 말한다. 그게 사실이라면 빅뱅 이전에는 무엇이 있었느냐는 질문이 나오는 게 당연하다. 아마 아무것도 없었을 것이다. 하지만 빅뱅 이전에 아무것도 없었다는 말은 무슨 뜻일까? 영겁의 시간 동안 단지 진공이었다는 뜻이다. 움직이는 것도 변화하는 것도 없었다는 것이다.

그런데 이런 식으로 사고하려면 아무 일도 일어나지 않고 시간만 존재하는 것을 상상할 수 있어야 한다. 그것은 곧 시간을 일종의 그릇처럼 상상하고 그 그릇 안에 담긴 것과 무관하게 여긴다는 뜻이다. 시간을 이렇게 본다면 변화는 일어날 수 없다. 여기서 변화는 시간의 경과가 아니라 사물의 변화를 가리킨다. 이런 전제 하에서 우리가 마주하는 문제는 이것이다. 어떤 변화가 생겨나기도 전에 영겁의 시간이 있었다면, 왜 우주가 탄생하게 되었는지를 설명할 수 없다. 단지 지금 설명할 수 없다는 뜻이 아니라 설명 자체가 있을 수 없다는 뜻이다. 어떻게 설명이 가능하겠는가? 수도관이 터진 이유는 그 전에 닥쳐온 추위로 설명할 수 있다. 공룡이 멸종한 이유는 그 전에 지구와 운석이 충돌했을 가능성으로 설명하면 된다. 바꿔 말해서, 우리는 한 사건을 설명하기 위해 그 사건 이전에 일어났던 사건에서 원인을 찾는다. 그러나 빅뱅의 경우에는 그 이전에 아무것도 없었으므로 어떠한 설명도 찾을 수 없는 것이다.

'빅뱅 이전에 아무 일도 없었다'는 말을 달리 해석하는 방법도 있다. 그것은 바로 빅뱅 이전에는 시간도 없었다고 해석하는 것이다. 그 경우 '빅뱅 이전'이라는 개념 자체가 성립하지 않으므로 그 이전에 아무 일도 없었던 것은 당연하다. 그렇게 해석한다면 빅뱅이 일어난 이유도 설명할 수 있게 된다. 즉 빅뱅은 '0년'을 나타내는 것이다. 시간의 시작은 빅뱅의 시작으로 정의되기 때문에 우주가 그 이전이든 이후이든 왜 탄생했느냐고 묻는 것은 이치에 닿지 않는다.

▶ 우주의 탄생에 대해서는 여러 가지 이야기가 많다. 그중 빅뱅 이론은 우주 탄생을 설명하는 가장 강력한 이론이다. 이 글은 "빅뱅 이전에는 무엇이 있었는가"

라는 질문에 대해 논리적으로 추론하고 있다. 사실 빅뱅 이전이기 때문에 아무것도 없는 것이 맞다. 이때 "아무것도 없다"는 것이 대체 어떤 의미인지에 대해 글쓴이는 두 가지 가정 하에 논리적으로 그 의미를 찾아가고 있는 것이다.

독자가 이 글을 파악하기 위해서는 문장과 문장, 단락과 단락, 문단과 문단 사이의 논리적, 인과적 관계를 아는 것이 중요하다. 각 단락의 접속사의 쓰임에 따라 앞 문단과 뒤 문단의 인과관계가 어떻게 연결되는지 확인할 수 있으며 논리적으로 어떤 문제점이 있는지도 추측할 수 있다. 또한 각 단락의 상위 개념과 하위 개념이 어떻게 일치되고 구분되는지도 확인 가능하다. 글의 구조적인 면에서도 전체 글의 구도를 그려보면 다소 복잡하게 느껴지는 전개과정도 보다 쉽게 이해할 수 있을 것이다.

지금까지 학습한 내용을 기초로 다음 글을 지시에 따라 추론하며 읽어 보자.

노출의 개념을 좀 더 확대시켜 보자. 미국의 사진작가 어빙 펜(Irving Penn)은 1972년에 담배꽁초를 찍은 연작 사진을 발표했다. 어빙 펜은 일상 생활에서 흔히 볼 수 있는 하찮고 때로는 귀찮기도 한 담배꽁초를 대형 카메라를 사용하여 근접 촬영했다. 비록 밝히거나 이리저리 뒹굴어서 많이 해어졌어도 몸통과 필터가 구분되는 기다란 모습과 거칠게 삐져나온 담뱃재 등은 굳이 제목을 확인하지 않더라도 이것이 담배꽁초임을 말해 준다.

&lt;담배꽁초 No.17&gt;

그러나 사진 속의 담배꽁초는 단순한 담배꽁초의 모습으로만 보이지 않는다. &lt;담배꽁초 No.17&gt;은 거리에서 밟혀 죽은 벌레나 현미경을 통해 바라본 미생물의 모습처럼 보인다. 무심히 밟고 지나칠 하찮은 담배꽁초가 땅바닥에서 사진 안으로 들어왔을 때, 사진 속의 담배꽁초는 본래 지니고 있던 성질에서 조금씩 벗어나기 시작하는 것이다. 어빙 펜은 무심코 지나치는 것에 관심을 집중시켜 새로운 발견으로서의 존재를 노출시켰던 것이다.

새로운 이미지의 발견은 노출이라는 특성이 만들어 내는 사진만의 독특한 표현법이다. 어빙 펜은 담배꽁초 사진을 통해 담배꽁초 그 자체가 아니라 색다른 이미지를 발견하려 한 것이다. 결과적으로 사진 속에 들어 있는 담배꽁초는 사진작가의 의도를 상징한다.

**01** <담배꽁초 No.17>을 제시한 글쓴이의 의도를 추론해 보자.

**02** 이와 관련하여 비슷한 사례가 있는지 생각해 보자.

부자들이 말하는 재테크의 비결은 무엇일까요? 미국에서 부자라고 하면 보통 재산이 얼마나 될지 궁금하죠? 어떤 책에서 본 내용인데요. 미국 부자들의 평균 재산은 약 920만 달러라고 합니다. 우리 돈으로 100억원 정도의 재산이면 미국에서 갑부 소리를 듣는 거죠. 이들을 보통 백만장자라고 부릅니다.

그런데 재미있는 것은 미국 부자들의 공통적인 인적 사항입니다. 우선 평균 나이가 54세였어요. 자, 여러분은 어떻습니까? 아직 희망이 있죠?

다음으로 공통적인 건 28년 이상 한 부인과 살고 있다는 사실입니다. 당연하죠. 만약 이혼을 했다면 재산을 지킬 수 있었겠습니까? 절대 이혼 안 합니다. 이혼하면 가진 재산의 상당부분을 위자료로 떼어줘야 하기 때문입니다. 몇 번 이혼하면 아마 빈털터리가 되고 말 겁니다.

또 평균 세 명의 자녀를 두고 있답니다. 부자 되고 싶으면 자식을 더 낳으십시오. 독신은 5%이구요. 미혼은 2% 정도랍니다. 이건 무슨 뜻일까요?

( _____ )

그런데 이 사람들의 소비지출 행태는 더더욱 재밌습니다. 자동차를 구입할 때 평균 4만 달러를 사용합니다. 우리 돈으로 치면 5,000만원입니다. 물론, 큰돈이지만 그들의 재산에 비하면 껌값입니다. 그들은 절대 비싼 것 사지 않습니다. 하지만 우리는 어떻죠? 길거리에 나가보면 고급차 천지입니다. 어설픈 부자가 본래 폼 잡는 법이지요.

결혼반지는 평균 1,500달러(180만원) 정도랍니다. 그나마 약 7%는 결혼반지도 아예 없답니다. 우리나라에서는 '갑부'하면 부모로부터 상속을 많이 받았을 거라고 생각하잖아요? 어찌된 셈인지 미국의 공인된 부자들 중 61%는 부모로부터 돈 한 푼도 상속을 받지 못했답니다. 또 그들은 대개 평균 40년 전에 지은 낡은 집에 살고 있습니다.

워런 버핏이라는 이름을 들어보셨어요? 미국의 전설적인 주식투자자인데, 세계 두 번째 갑부입니다. 그런데 이 억만장자도 45년 동안 시골 오마하의 한 집에서 쭉 살고 있답니다.

미국의 백만장자들, 아니 천만장자 부자들은 이렇게 삽니다. 우리나라에서도 단칸방에 홀로 살면서, 김밥 장사로 혹은 행상으로 번 돈을 대학에 기부한 할머니들 보셨죠? 그런데 우리는 어떤가요? 로또복권 당첨되면 큰 아파트부터 사고, 외제 승용차부터 사겠다고 다들 꿈꾸잖아요.

― 서춘수, 『부자의 꿈을 꾸어라』

**01** 앞문장과 뒷문장의 인과관계를 고려할 때 밑줄에 들어갈 만한 내용을 추론해 보자.

**02** 글의 구조상 상하관계를 고려했을 때, 부자들의 공통점을 나누는 기준을 추론해 보자.

**03** 위의 내용들을 고려하여 이 글의 결론 부분을 추론해 보자.

양치는 소년이 "늑대가 나타났다!"라고 소리치며 마을로 뛰어 들어왔다. 이 소리에 놀란 마을 사람들은 아무 것이나 손에 잡히는 대로 집어 들고 소년이 뛰어오는 방향으로 달려갔다. 소년은 생긋 웃으며, "그냥 한 번 해본 거예요."라고 대수롭지 않은 듯 말했다. 마을 사람들을 골려 먹는 데 재미를 느낀 그 소년은 어느 날 다시 "늑대가 나타났다!"라고 소리치며 마을로 달려 들어왔다. 또 다시 속은 것을 안 마을사람들은 분을 참지 못해 씩씩거렸다. 며칠 뒤 정말로 늑대를 만나게 된 그 소년이 "늑대가 나타났다!"라고 소리치며 도움을 청했지만 도와주려고 달려온 사람은 아무도 없었다.

어릴 때부터 수없이 들어 온 이솝 우화 중의 한 이야기다. 양치기 소년이 늑대가 나타났다고 말한 것은 참일 수도 있고 거짓일 수도 있다. 통계학에서는 어떤 가설이 실제로는 맞는데 틀리다고 판단하는 것을 '제1형의 오판'이라고 하고, 그 반대의 경우를 '제2형의 오판'이라고 한다. 늑대가 나타났다는 그의 말이 진실이라고 하자. 그런데도 사람들이 이를 믿지 않았다면 사람들은 제1형의 오판을 한 셈이다. 반면에 그 소년의 말이 거짓인데, 사람들이 이를 정말이라고 믿었다면 사람들은 제2형의 오판을 했다고 말할 수 있다. 이 두 가지 중 훨씬 더 심각한 결과를 초래하는 것은 제1형의 오판이다. 제2형의 오판을 하는 경우, 사람들은 쓸데없이 소리 나는 곳으로 뛰쳐나가는 수고를 하게 된다. 그러나 제1형의 오판은 그 소년을 죽음으로까지 몰아넣을 수 있다.

사람들이 처음 두 번 그 소년을 돕기 위해 맹렬한 기세로 뛰어나간 것은 이 사실을 잘 알았기 때문이다. 늑대가 나타났다는 말이 명백한 거짓이라는 확신이 없는 한 사람들은 그 소년을 도우러 나서게 된다. 그렇지만 거짓말이 거듭되면서 사람들은 그 소년의 말이면 무조건 거짓이라고 믿게 되는 것이다. 세 번째에는 늑대가 나타났다는 말이 진실이었음에도 불구하고 사람들이 이를 믿지 않아 제1형의 오판을 저지르기에 이르렀다. 그 소년의 어리석음이 끝내는 자신의 목숨까지 위태롭게 만들었다는 이야기다.

죄인을 심판하는 사법 제도에서도 이와 비슷한 일이 일어날 수 있다. 판사나 배심원들이 신이 아닌 이상, 무고한 사람을 유죄로 판결하고 죄를 저지른 사람을 무죄로 판결하는 일이 종종 있게 된다. 검찰이 정황 증거만을 가지고 사실은 죄가 없는 어떤 사람을 기소했다고 하자. 만약 그가 유죄 판결을 받는다면 아무 죄가 없는 사람이 억울하게 처벌받는 결과가 빚어질 수 있는데, 이 때 제1형의 오판을 했다고 말할 수 있다. 반면에 어떤 사람의 경우에는 움직일 수 없을 정도로 확실한 증거가 없다는 이유에서 무죄 판결을 받았다고 하자. 그렇게 되면 실제로 범죄를 저지르고도 무죄 판결을 받는 일이 일어날 수 있는데, 이것은 제2형의 오판에 해당한다.

　　이 두 가지 오판 중에서 어떤 쪽이 더욱 심각한 결과를 초래한다고 생각하느냐에 따라 사법 제도의 성격이 달라진다. 범죄를 저지르고서도 무죄 판결을 받는 사람이 생기는 것은 어쩔 수 없어도, 범죄와 전혀 관련이 없는 사람이 유죄 판결을 받는 일은 결코 일어나지 말아야 한다고 생각하는 사람이 많을 수 있다. 이런 생각을 가진 사람은 검찰 측의 거증 책임이 매우 무겁게 되어 있는 사법 제도를 지지하게 된다. '범죄를 저질렀다고 입증되기 전에는 무죄'라는 그 유명한 법률의 격언은 바로 이와 같은 생각을 반영한다고 할 수 있다.

-「양치기 소년과 늑대」

**01** 앞의 세 문단을 읽은 후 이어서 어떤 내용이 올 수 있을지 추론해 보자.

---

---

---

---

**02** 제1형의 오판과 제2형의 오판이 각각 초래할 수 있는 심각한 결과에는 어떤 것들이 있을지 추론해 보자.

# 제 6 장
# 읽는 중 활동 (3)
## — 비판적 읽기

 **기초 다지기**

　글을 비판적으로 읽는다는 것은 독자의 입장에서 크게 두 가지를 검토하는 일이다. 하나는 글쓴이의 주장을 제대로 이해하는 것이고, 다른 하나는 그 주장을 제대로 평가하는 것이다. 어떤 주장을 제대로 평가하기 위해서는 글쓴이가 전달하고자 하는 핵심 주장이 무엇인지 정확하게 파악할 필요가 있다. 글쓴이의 주장은 글 전체를 지배하고 있는 가치관과 세계관을 총망라하고 있기 때문이다.

　비판적 읽기의 핵심에 올바로 접근하기 위해서는 비판적 사고 능력에 대한 정확한 이해가 필요하다. 비판적 읽기는 글의 옳음과 그름, 좋음과 나쁨, 참됨과 거짓됨 등을 따져가면서 글쓴이의 견해에 대한 수용여부를 결정하는 독서행위이다. 다시 말해 글쓴이가 제시하고 있는 어떤 문제에 대해 이모저모 따져보면서, 그 주장의 단점 뿐 아니라 장점까지도 파악해야 하는 것이다. 이는 비판적 읽기의 핵심이 단순히 부정적인 태도에 머무는 것이 아니라, 글쓴이의 주장을 깊이 있게 이해하고 성찰하는 능동적인 사유과정까지도 요구하고 있음을 의미한다.

비판적 읽기에 대한 방법은 글의 지문에 나타난 행위와 판단, 사실의 진위여부, 인물의 성격, 작품의 가치와 정당성, 타당성, 정확성, 효용성 등을 모두 평가하고 감상하는 태도와 직결된다. 비판적 읽기는 글에 대한 시시비비를 가리면서도 가치중립적인 성격을 지니기 때문에, 내적인 조건과 외적인 조건 모두를 고려하여 학습할 필요가 있다. 이 장에서는 비판적 읽기 활동의 기초방법을 익히고 타인의 글을 스스로 평가하고 분석할 수 있는 비판적 읽기의 준거에 대해 학습해 보고자 한다.

## 1. 내적 준거에 따른 비판

 **전략 익히기**

내적 준거에 따른 비판에서 요구되는 것은 일관성, 적절성, 타당성과 같은 평가이다. 글의 논리나 관점, 문체 등이 일관되게 유지되는지, 어휘의 선택 및 문장의 구성이 적절한지, 용어의 선택은 올바르게 진행되고 있는지를 따져 묻는 것이다. 또한 글에서 들고 있는 사례 또는 논거가 타당한지, 판단이나 결론 또는 주장을 이끌어내는 과정이 논리적인지 등을 살펴볼 수 있다. 내적 준거에 따른 비판이 필요한 이유는 모든 글은 저마다의 주장과 근거를 가지고 글을 전개해나가고 있지만, 모든 글이 다 합당하다고 볼 수 없기 때문이다. 따라서 독자는 글을 읽어나갈 때 무조건적으로 글쓴이의 논리를 따라가기보다는 글의 논리적 오류는 없는지에 대한 평가능력을 길러야 한다.

### 1) 일관성 비판

일관성이란 주제를 드러내는 중심 문장과 그것을 뒷받침하는 문장의 내용이 일치해야 한다는 원리이다. 문장과 문장, 단락과 단락이 전체 글의 일부분으로써 서로 밀접한 관계를 맺어야 한다는 의미이다. 하나의 글은 통일되고 일관된 논지를 전개하기 위해 글의 논리나 글쓴이의 관점 혹은 문체를 일치시키게 된다. 글을 읽는 독자는 주제에 대한 글쓴이의 입장은 무엇인지, 글의 주장에 선입견이 있거나 글의 논리에 오류는 없는지, 문제를 바라보는 글쓴이의 관점이 흐트러지고 있지는 않는지 등을 살피면서 글을 읽어야 한다. 독자는 글의 핵심 정보(주제나 관점)를 집중적으로 파악하고, 내용의 통일성이나 일관성을 저해하는 요소가 무엇인지를 연습을 통해 대비해야 한다. 이는 글쓴이의 오류를 독자가 되풀이하지 않기 위한 독서방법이다.

다다미에 습기가 차는 것처럼 일본 사람들을 불안하게 하는 일은 없다. 벌레가 생긴다. 다다미에 벌레가 생기기 시작하면 아주 골치 아프다. 물면 무지하게 간지럽다. 뿐만 아니다. 젖은 다다미는 금방 썩는다. 썩은 다다미는 거의 퇴비 수준이다. 따라서 똥오줌 못 가리는 아이는 다다미에 치명적이다. 어느 한구석에 오줌이라도 지려놓으면 심각한 문제가 발생하기 때문이다. 그래서 아주 어릴 때부터 철저하게 배변 훈련을 시킨다.

지나친 배변 훈련은 아기에게 어떤 식으로든 정신적 상처를 남기게 되어 있다. 프로이트의 개념을 빌리자면, '항문기 고착'이라는 퇴행 현상이다. 일본 문화 전반에 나타나는 청결에 대한 이 집요한 강박은 결국 항문기 고착의 성격적 특징이라고 정신분석학적으로 설명할 수 있다. 그 정결한 스시와 같은 일본 음식도 결국 항문기 고착의 결과라는 거다. 기막힌 설명 아닌가?

한국의 경우, 이런 항문기 고착의 성격은 별로 볼 수 없다. 장판 문화이기 때문이다. 똥오줌을 아무리 싸도 그냥 걸레로 한 번 슥 닦아내면 된다. 도무지 심각할 이유가 없다. 대신 한국인들은 '구강기 고착'의 성격인 듯하다. 입이 거칠다는 말이다. 목소리도 크고, 담배도 많이 피운다. 욕도 정말 다양하게 잘한다.

실제로 한국 욕의 종류를 정리해보면 세계 최고 수준이다. 일본이나 독일의 욕은 몇 개 안 된다. 미국 사람들도 가만 보면 나름 한다는 욕이 매번 'shit' 'fuck you'가 전부다. 한국처럼 다양하고 화려한 욕설은 세계 사의 유례가 없다.

- 김정운, 「항문기 고착의 일본인과 구강기 고착의 한국인」

글쓴이는 프로이트의 정신분석학 개념을 응용해 일본의 문화와 한국의 문화를 비교하여 설명하고 있다. 특히 일본의 엄청난 청결문화에는 정신적 강박이 작용하고 있음에 주목한다. 그러한 주장에 근거는 '항문기 불안' 때문이라는 게 글쓴이의 논리다. 일본은 유난히 길고 습한 여름을 견디기 위해 통풍이 잘되는 문과 창문, 곰팡이가 슬지 않는 벽, 그리고 시원한 다다미 등으로 집을 짓는다.

그러나 일본 주택의 다다미 바닥이 오히려 아이들의 양육에 결정적인 영향을 미친다는 게 글쓴이의 입장이다. 일본 문화 전반에 내재된 청결에 대한 집요한 강박적 특성이 아이들의 배변훈련으로 나타난다는 것이다. 그에 반해 한국의 문화는 장판 문화로 일본과 같은 항문기 고착의 성격이 나타나지 않는다고 글쓴이는 진단한다. 대신 한국인은 '구강기 고착'의 성격이 나타남으로써 욕의 문화가 발달하게 되었다고 진단한다.

독자는 글쓴이가 전제하고 있는 프로이트 개념의 항문기 고착의 특성과 일본 문화와 한국 문화의 분석 논리를 따라가면서, 글에서 들고 있는 사례나 예화 활용에 문제는 없는지, 글의 주장과 전개방식의 오류는 없는지, 주장과 논거에 일관성이 있는지를 의식적으로 살피면서 글을 읽어 나가야 한다.

## 2) 적절성 비판

적절성은 글의 논리 전개나 표현의 모호함, 어휘의 오류 또는 모순을 최대한 배제함으로써 글의 내용에 접근하는 방법이다. 따라서 글을 읽을 때에는 어휘 선택의 수준과 문장 구성의 적절성, 의미에 맞는 용어 사용의 여부를 비판해야 하며, 글의 전체적인 논리와 관련하여 용어의 적절성에 문제는 없는지 살펴봐야 한다. 만약 어휘 선택이나 용어 사용에 동의할 수 없거나 그 의미를 이해하지 못하는 부분이 있다면, 그 글의 전반적인 내용에 대한 점검이 불가피하다. 그렇기 때문에 적절성에 대한 평가는 글 전체 내용에 대한 이해와도 직결되는 중요한 독서절차라 할 수 있다.

> 브리꼴레르(bricoleur)는 세상의 가장 낮은 곳, '그래도'라는 섬에서 절치부심하면서 미덕을 갖춘 최고 경지의 전문성인 아레테에 이르기 위해 부단한 노력을 경주하는 사람이다. 지식이든 작품이든 물건이든, 새로운 것을 창도하는 사람은 한계나 경계의 끝에서 아무리 어려워도 또 다른 융합의 가능성을 찾아 무한탐구를 계속한다. 지식융합의 길은 멀고도 험하다. 철판을 녹여 쇳물이 좌우로 넘나들면서 비로소 하나의 견고한 철판이 탄생하듯이, 지식융합도 이질적 분야가 만나 서로를 부둥켜안고 고뇌하는 가운데 비로소 새롭게 완성된다. 그러나 힘든 만큼 보람도 있고 가치도 있다. 이제까지 존재하지 않았던 새로운 지식들은 기존 지식의 끝과 끝, 그 사이에 있다. 그 사이에 존재하는 무수한 차이를 활용하여 생각의 꽃을 피우는 사람이 바로 미래의 인재상, 브리꼴레르다.
>
> – 유영만 『브리꼴레르』

최근 '융합'과 관련해 가장 중요하게 떠오르고 있는 개념 중의 하나가 '통섭'이다. 간단하게 말해 통섭은 '둘 이상의 것을 하나로 모아서 다스림'을 의미한다. 융합은 '녹아서 또는 녹여서 하나로 합침'을 뜻한다. 통섭이 비빔밥이라면 융합은 발효과정을 거치는 양념장에 비유될 수도 있다. 통합이 물리적 합침이고 통섭이 생물학적 합침이라면, 융합은 화학적 합침이다. 깊이 생각하고 널리 대화하는 융합형 인재가 되기 위해서는 다양한 학제 간 '지식의 대융합'이 필요하다는 게 글쓴이의 전언이다.

　글쓴이는 '지식의 대통합'을 기치로 내세운 통섭이 우리 사회의 거대한 화두가 되고 있음을 인식하면서 '통섭'이나 '융합'이라는 개념보다 '브리꼴레르'라는 용어를 선택하여 의견을 내세운다. 그는 브리꼴레르가 이 시대 최고 경지의 미래 인재상이 될 것임을 예견하면서 이제까지 존재하지 않았던 새로운 지식들의 무한탐구를 독려한다.

　본래 브리꼴레르는 인류학자 레비스트로스가 쓴 『야생의 사고』에서 유래된 용어이지만, 궁극적으로는 철학자 아리스토텔레스의 아레테에서 차용한 개념이기도 하다. 아레테는 미덕을 갖춘 최고 경지의 전문가를 지칭한다. 현대에 들어 브리꼴레르는 '손 재주꾼'이라는 의미로 다재다능한 인재의 의미로 통합되어 설명된다. 다시 말해 도구를 자유자재로 변용해 위기상황을 탈출하거나 기존 지식을 자유롭게 융합하는 인재상의 의미로 집약되는 것이다. 독자는 글쓴이가 활용하고 있는 개념이나 어휘, 용어 선택에 문제가 없는지 살펴보면서, 그 적절성 여부를 판단하며 글을 읽어야 한다.

### 3) 타당성 비판

　타당성은 논증 과정이 올바르게 이루어졌는가, 혹은 논증의 결과로서 도출된 결론이 정당화할 수 있는 수준인가를 평가하는 유형이다. 글쓴이의 논증 과정이나 글의 전개 과정을 화제 형태나 문장 형태로 연결시켜 봄으로써 크게 어긋나는 부분은 없는지, 비약이 발생하지는 않는지 등을 꼼꼼하게 따져보아야 한다. 논증 과정에서 가장 대표적이면서 일반적으로 사용되는 방식은 '연역'과 '귀납'이다. 연역과 귀납은 서로 다른 논리 전개의 과정을 따르지만, 두 방식 모두 논거를 활용한다는 점에서 타당성의 여부를 확인해 볼 수 있다. 독자는 글에서 제시되고 있는 사례 또는 논거가 주장을 전달하는 데에 타당한지, 또한 거기에서 판단이나 결론 또는 주장을 이끌어 내는 과정이 과연 타당하게 진행되는지 따져 물어야 한다.

마지 프로펫(Margie Profet)은 생물학을 전공한 학자가 아니었고, 독학으로 진화론을 배워 자신만의 독특한 이론을 발표한다. 그녀가 발표한 내용은 '진화론에 기초한 입덧 이론'으로 맥아더 재단에서 주는 '지니어스'상 최연소 수상자가 된다. 임산부가 입덧을 심하게 하면 아예 음식을 섭취하지 못할 정도가 된다. 이는 당연히 임산부와 태아의 건강을 해칠 우려가 있다. 그렇다면 진화론에서 말하는 자연선택의 과정을 통하여 이런 나쁜 행동이나 현상은 없어져야 마땅하다. 그러나 우리 인간에게 해가되는 행동인 입덧이 남아있음은 무언가 우리에게 혜택을 주고 있음에 틀림이 없다.

　　과연 입덧은 우리에게 어떤 이득을 줄까? 마지 프로펫은 "입덧은 대부분 태아가 주요 신체기관을 형성하고 독소에 가장 민감한 시기에 일어난다. 또한 맵고 쓴 음식은 담백한 음식보다 입덧을 일으키기 쉬울 뿐만 아니라 유산과 선천성 기형과 관련이 되어 있다."고 말한다. 입덧은 태아의 생존에 위험할 지도 모르는 음식물을 섭취하지 않도록 하는 적응방식인 셈이다. 즉 진화는 비용과 그 효과를 정확하게 판단한다. 자연선택은 비용과 효과를 판단해 필요 없다고 판단하면 과감히 버린다. 이에는 윤리도 도덕도 없다. 우리의 어떤 행동도 그 이유를 살펴보면 적응을 위한 진화전략이 숨어있다고 생각해야 한다.

- 이동환, 「임산부 입덧 알고보면 오묘한 전략」

　　타당성 비판은 주장여부의 수용가능성을 진단하는 것이 아니라 글을 읽고 난 후의 논리적 과정을 점검하는 활동이다. 다시 말해 글쓴이의 주장을 기본적으로 인정한 후 논리 전개 과정에서의 비약을 살펴보는 일이다. 글쓴이는 다윈의 진화론을 기점으로 임산부의 입덧이 인간에게 어떤 이득을 줄 수 있는지를 설명한다. 기본적으로 입덧은 임산부를 괴롭게 하여 태아의 건강을 해칠 우려가 있다. 그럼에도 자연선택의 과정에서도 그 현상이 유지되는 것은 인간에게 무언가의 혜택을 주기 위한 전략이라고 말한다. 임산부의 입덧은 태아의 생존에 위협이 될지도 모르는 음식물을 사전에 차단함으로써 인류를 보존하는 고도의 적응전략이라는 게 글쓴이가 제시하고 있는 근거이다. 독자는 글쓴이가 제시하고 있는 사례 또는 논거의 타당성을 검증하고 거기서 도출되는 판단이나 결론 또는 주장을 이끌어 내는 과정이 타당한지를 수시로 점검하면서 글을 읽어나가면 된다.

## 실전연습 1

지금까지 학습한 내용을 기초로 다음 글을 지시에 따라 읽고 비판해 보자.

게임 서사도 문학이 될 수 있다는 주장의 이면에는 문학을 문장이나 스토리쯤으로 이해하는 인식이 자리 잡고 있음을 알 수 있다. 물론 이왕이면 게임 속에서 아름다운 문장과 인생에 대한 놀라운 통찰을 접할 날이 온다면 좋을 것이다. 기이하고 흥미로운 이야기가 더해진다면 더욱 재미있을 것이다. 그러나 그것만으로 문학이 되는 건 아니다. 영화가 문학이 될 수 없는 이유는 영화 속에 아름다운 문장과 흥미로운 이야기가 없기 때문이 아니라 멈출 수 없기 때문이다. 영화라는 장르는 기본적으로 한 방향으로 흐르도록 만들어졌고 또한 여러 사람이 함께 보도록 설계된 것이다. 반면에 독서는 (아주 특별한 경우가 아니라면) 혼자 하는 것이다. 물론 비디오에는 멈춤 버튼이 있지만 그것은 독서과정에서의 멈춤과는 다르다. 비디오의 멈춤은 부자연스럽지만 독서의 정지는 자연스럽다. 비디오의 멈춤은 화질의 열화를 가져오지만 독서의 정지는 사고를 풍부하게 한다. 여러 사람이 함께 볼 때 비디오의 멈춤은 비난을 가져오기 마련이며 영화의 중단은 환불소동을 빚는다. 게임 역시 멈춤은 부자연스럽다. 그것은 멈춤을 위해 설계된 것이 아니라 일로매진을 위해 만들어졌기 때문이다. 문학작품은 사람들을 사고하게 하려고 지어지지만 게임은 사람을 미치게 만들려고 제작된다. 게이머들이 게임하다 말고 사색하기 시작하면 그 게임을 만든 회사는 파산하고 말 것이다.

만약 누군가 이런 내 주장을 반박할 수 있는 게임을 만드는 상황을 가정해볼 수 있다. 이를테면 그 게임은 이렇게 설계된다. 편의상 게임 이름 '백 년 동안의 고독'이라 하자. 게임에는 아무런 목표도 없다(일방향성을 극복하기 위해서다). 단지 게이머는 게임 속에서 여러 상황을 만날 뿐이다. 우선 게임 초기화면에는 마콘도란 마을이 나타날 것이다. 그곳에서 그는 아무에게도 영향을 끼쳐서는 안 된다(쌍방향!). 그러니깐 유령이면 좋겠다. 그렇게 돌아다니면서 가브리엘 가르시아 마르케스가 써놓은 대사를 본다. 등장인물들은 점차 성장해 게릴라가 되거나 죽거나 담요를 든 채 하늘로 승천한다. 다양한 시간의 방향을 게이머가 경험하게 하기 위해 게이머의 눈동자가 다른 곳으로 돌아가기라도 하면 게임은 즉 중지된다. 또한 멋진 대사가 나오면 그것을 음미할 충분한 시간을 준다. 다른 게이머의 접속은 원천적으로 봉쇄된다(다른 사람이 끼어들면 멈출 수 없으니까). 게이머는 아름다운 문장을 보고 마르케스가 펼쳐놓은 환상적인 공간에서 벌어지는 기괴한 사건에 경탄한다. 그러다 어느 순간 게임이 끝나버린다. 아무 목표도 이룬 바 없이. 물론 이런 프로그램을 만들 수는 있다. 그러나, 이것이 만들어진 순간 사람들은 이것을 게임이 아니라 소설이라 부를 것이다. 단지 소설에 영상과 소리가 들어갔을 뿐이다.

- 김영하, 「게임」

**01** 이 글을 평가하기 위한 비판적 문제 제기의 단서를 생각해 보자.

**02** 이 글을 비판하기 위해 더 알아야 할 정보들은 무엇인지 생각해 보자.

**03** 일관성, 적절성, 타당성을 기준으로 하여 이 글을 평가해 보자.

## 2. 외적 준거에 따른 비판

외적 준거에 따른 비판에서 요구되는 것은 신뢰성, 효용성, 공정성과 같은 평가이다. 사실이나 전제들이 일반적 진리에 비추어 옳은지, 글이 쓰이고 읽히는 사회·시대적 상황에 비추어 의미가 있는지, 글쓴이의 시각과 관점이 편향되어 있지는 않은지를 점검하는 일이다. 이러한 과정은 기본적으로 글쓴이의 감정과 사상을 이해하되, 이를 텍스트 외부의 용인과 연결시켜야 하는 작업이기 때문에 독자에게 상당한 집중력을 요구한다. 독자는 글에서 인용된 자료의 출처, 글을 쓴 시기 같은 외부적인 정보에도 관심을 가질 필요가 있다. 또한, 글쓴이의 관점이 사회적으로 수용할수 있는지를 평가하고 글의 내용이 현실의 삶과 관련하여 얼마나 시의적이고 유용한지를 따져봐야 한다. 나아가 글의 내용이 보편적이고 윤리적인 기준에서 벗어나있지는 않은지를 꼼꼼하게 점검할 줄 아는 과정을 훈련해야 할 것이다.

### 1) 신뢰성 비판

신뢰성은 자료에 대한 신뢰성과 정보에 대한 신뢰성으로 구분하여 평가할 수 있다. 자료에 대한 신뢰성은 글의 설득력에 중요한 영향을 미치게 됨으로 자료의 출처 여부를 반드시 따져봐야 한다. 정보에 대한 신뢰성은 주장에 대한 근거정보가 명확한지 아닌지, 혹은 글쓴이가 제시한 정보 내용이 독자의 의문을 풀기에 부족한지 아닌지를 질문하며 읽어야 한다.

하루 종일 부단히 침입해 오는 텔레비전의 변화하는 소리와 빛, 그것은 누워 있는 어린아이의 감각을 통해 뇌세포 형성에 결정적인 영향을 주는 가장 큰 자극인데, 아무것도 모르는 어머니는 텔레비전을 자장가로 이용하고 있다. 한 조사에 의하면 어린아이에게 텔레비전을 보이는 시기는 생후 2개월에 42%, 3개월이 되면 61%로 증가한다고 한다. 젖을 먹일 때 텔레비전을 본다고 대답한 어머니도 60%를 넘으며 5개월이 되면 텔레비전을 같이 보는 어린이도 어느 정도 반응을 나타내게 되고 첫돌 때에는 광고를 보고 손뼉을 치는 현상도 흔하다고 한다. 이리하여 피부를 접촉하거나 눈을 서로 마주치는 일, 음성을 주고받는 일이 없어지고 텔레비전이 어머니가 되는 텔레비전 세대라고 하는 새로운 유형의 인류가 탄생하는 것이다.

– 김규, 「일회성의 텔레비전」

자료에 대한 신뢰성은 무엇보다 글의 주장을 뒷받침하는 근거에 대한 점검에서 시작된다. 따라서 조사가 언제, 누구를 대상으로 이루어진 것인지를 꼼꼼히 따져봐야 한다. 이는 문화적 환경과 차이에 따라 언제든 조사 결과가 달라질 수 있기 때문이다. 이 글의 글쓴이는 텔레비전이 어린이에게 미치는 영향에 대해 그 조사를 바탕으로 글을 전개하고 있다. 하지만, 조사기관의 출처가 없고 문화적 차이가 고려되지 않은 채 조사의 결과를 도출해내고 있다. 설령, 글쓴이의 주장이 결과적으로 납득이 된다하더라도 독자는 반드시 자료에 대한 점검 및 그 신뢰성을 끊임없이 점검하며 글을 읽어야 한다.

실제로 대학에서 채점을 해보면 알 수 있듯이 학생들의 답안지는 이미 문어체가 아니라 구어체를 구현하고 있다. 인터넷의 영상성도 언어를 파괴하는 또 하나의 요인이다. 대학이 문자-숫자 코드를 연마하는 곳이 되어야 한다고 믿는 선생은 시험을 볼 때마다 학생들에 이런 경고를 하곤 한다. "절대 답안지에 등장해서는 안 되는 것. 첫째, 화살표. 둘째, 벤다이어그램. 셋째, 이모티콘." 점수를 안준다는 경고에도 불구하고 기어이 시험지에 비주얼 프레젠테이션을 해놓는 학생들이 있다.

긴 문장은 점점 짧아지고, 짧은 문장은 낱말로 축약되고, 낱말은 이모티콘으로 대치된다. '궤변'은 '괘변'이 되고, '문외한'은 '무뇌한'이 된다. 활자문화에서는 교정을 통해 표기가 고정이 되나, 구술문화에는 이런 안정성이 없어 쓰는 이마다 표기가 달라진다. 이 표기의 유동성이 맞춤법을 무력화한다. 이로써 언어 능력은 발달의 순서를 거슬러 유아기로 퇴행한다. 이를 우리는 '디지털 실어증'이라 부를 수 있을 것이다. 난데없는 글쓰기 열풍은 아마도 이 결핍을 반영한 현상일 것이다.

-진중권, 「호모 코레아니쿠스」

글쓴이는 문자문화에서 영상문화로의 이행에 따른 '디지털 실어증'의 현상에 대해 이야기한다. 21세기의 사회의 주요한 소통매체가 문자에서 영상으로 바뀌면서 대학생들의 글쓰기 또한 구어체로 바뀌고 있는 현실에 대해 비판적 시각을 보이고 있다. 글쓴이는 이러한 현상의 결과가 난데없는 글쓰기 열풍으로 이어졌지만, 역설적이게도 '인문학의 위기'를 증거하는 현상이 되기도 한다고 말한다. 중요한 것은 문어체에서 구어체로의 이행이 반드시 인문학의 위기로 대변되는 '디지털 실어증' 때문인지 정확히 파악할 필요가 있다. 글쓴이가 제시한 몇 가지 정보만으로는 글에서 이야기하는 '디지털 실어증'을 모두 포괄할 수 없기 때문이다. 따라서 독자는 글쓴이가 제시하는 정보 이외에도 또 다른 근거가 있는지, 있다면 어떤 것이 있는지를 꼼꼼하게 살펴봄으로써 글의 신뢰성을 확보해야 한다.

## 2) 효용성 비판

쉽게 말해 효용성은 '쓸모'가 있는지 없는지에 대한 판단이다. 글의 내용이 독자의 기대를 얼마나 충족할 수 있는지를 따져 묻는 것이다. 가령, 문학작품을 읽을 경우 실생활에 얼마나 도움을 줄 수 있는 내용인가, 미적인 쾌락의 기능을 얼마나 수행할 수 있는 내용인가를 판단하는 일에 초점을 두는 것이다. 문제는 이 세상에는 효용성이 없는 글은 없다는 점이다. 같은 정보라 할지라도 모두에게 똑같은 효용적 가치를 주지 않기 때문에, 글을 읽을 때에는 반드시 시대적·역사적·문화적 특성을 고려하면서 글을 읽어야 한다.

별이 빛나는 창공을 보고, 갈 수가 있고 또 가야만 하는 길의 지도를 읽을 수 있던 시대는 얼마나 행복했던가? 그리고 별빛이 그 길을 훤히 밝혀주던 시대는 얼마나 행복했던가? 이런 시대에 있어서 모든 것은 새로우면서도 친숙하며, 또 모험으로 가득 차 있으면서도 결국은 자신의 소유로 되는 것이다. 그리고 세계는 무한히 광대하지만 마치 자기 집에 있는 것처럼 아늑한데, 왜냐하면 영혼 속에서 타오르는 불꽃은 별들이 발하고 있는 빛과 본질적으로 동일하기 때문이다. 다시 말해서, 세계와 자아, 천공의 불빛과 내면의 불꽃은 서로 뚜렷이 구분되지만 서로에 대해 결코 낯설어지는 법이 없다. 그 까닭은 불이 모든 빛의 영혼이며, 또 모든 불은 빛 속에 감싸여져 있기 때문이다. 이렇게 해서 영혼의 모든 행위는 의미로 가득 차게 되고, 또 이러한 이원성 속에서도 원환적 성격을 띠게 된다. 다시 말해 영혼의 모든 행위는 하나 같이 의미 속에서, 또 의미를 위해서 완결되는 것이다. 영혼의 행위가 이처럼 원환적 성격을 띠는 이유는 행동을 하고 있는 동안에도, 영혼은 자기 자신 속에서 편안히 쉬고 있기 때문이고, 또 영혼의 모든 행위는 영혼 그 자체로부터 분리되는 과정에서 독립적으로 되면서 자기 자신의 중심점을 발견하고서는, 이로부터 자신의 둘레에 하나의 완결된 원을 그리기 때문이다. 철학이란 본래 "고향을 향한 향수"이자, "어디서나 자기 집에 머물고자 하는 충동"이라고 노발리스는 말한바 있다.

— 게오르그 루카치, 「서사시의 시대」

헝가리의 문학사가 게오르그 루카치의 「서사시의 시대」의 서문은 아직도 많은 사람의 기억 속에 각인되어 있다. 루카치가 말하는 '별빛이 그 길을 훤히 밝혀 주던 시대'는 다름 아닌 고대 그리스 사회를 의미한다. 글쓴이는 왜 지중해와 고대 그리스 예술에 찬미를 보냈을까. 그리스는 다양한 지역과의 교류를 통해 모든 게 하나로 통합되는 폴리스(도시국가)를 세웠기 때문이다. 인간의 이성 중심의 예술 사회를 건설함으로써 불확실한 시대의 이정표를 제시해주고 있기 때문이기도 하다. 이 글은 자본화되고 물질화된 이 시대에 사뭇 반대되는 주제의 글이기도 하지만, 달리 생각해 보면 그런 사회일수록 인간이 중심이 되고 존중받아야 한다는 인식이 독자에게 더 큰 울림과 반향을 일으키면서, 글의 효용적 가치에 대한 생각을 재고시킨다.

### 3) 공정성 비판

공정성이란 글쓴이의 주관적 사고가 얼마나 일반화 될 수 있는지를 판단하는 일이다. 모든 글에는 당연히 글쓴이의 주관이 개입되어 있게 마련이다. 이는 글의 객관성이 반드시 일반적인 수준에서만 해석되는 것이 아님을 깨닫게 한다. 따라서 독자는 글쓴이의 주관적 사고가 얼마나 보편적이고 객관화될 수 있는지를 점검하고, 지나치게 편향적인 사유를 전개하고 있는 것은 아닌지 살펴보아야 한다. 물론, 글쓴이의 주관적 사고가 무조건 틀렸다는 판단은 옳은 일이 아니다. 오히려 고정된 시선에서 벗어나 창조적 사유를 펼쳐낼 수도 있기 때문이다. 하지만, 그 사유의 틀이 사회적 반향을 일으킬 소지가 있는 문제라면 어느 때보다도 보다 신중하게 접근할 필요성은 있다.

행복한 공동체를 원하는가? 재래시장을 살리고 싶은가? 생태문제를 해결하고 싶은가? 가족들의 몸을 건강하게 만들 수 있는 안전하고 싱싱한 식품을 원하는가? 그럼 냉장고를 없애라! 당장 냉장고가 없다고 해보자. 우리 삶은 급격하게 변할 수밖에 없다. 직접 재래시장에 들러서 싱싱한 식품을 사야 한다. 첨가제도 없고, 진공포장 용기에 담겨 있지 않다. 식품을 사가지고 오자마자, 우리는 가급적 빨리 요리를 해야 한다. 싱싱하다는 것은 금방 부패할 수도 있다는 것을 의미하니까 말이다. 또 우리는 먹을 수 있을 만큼만 살 것이다. 혹여 어쩔 수 없이 많이 살 수밖에 없었다면, 바로 우리는 그것을 이웃과 나눌 수밖에 없다. "고등어자반을 샀는데요. 조금 드셔보시겠어요."

처음 냉장고가 없어졌을 때, 몹시 불편할 것이다. 어떤 습관이라도 고치기는 무척 힘든 법이니까. 그러나 어느 순간 재래시장에 들러 싱싱한 식품을 적당량 사서 바로 요리해서 먹는 생활이 반복되다보면, 우리는 곧 냉장고가 어떤 존재인지 알게 된다. 냉장고는 인간을 위한 것이 아니라 자본을 위한 것이었다는 사실을 알게 될 테니까. 냉장고와 대형마트는 공생 관계에 있다. 그리고 그 이면에는 냉장고를 대량생산하는 거대한 산업자본, 대형마트를 운영하는 거대 자본, 그리고 그곳에 진열된 식품들을 대량으로 만드는 또 하나의 산업자본이 도사리고 있다. 묘한 공생 관계 아닌가. 냉장고는 대량생산된 식품들을 전제하고 있고, 대량생산된 식품들은 냉장고가 없다면 아무런 의미가 없기 때문이다.

– 강신주, 「인간다운 삶을 가로막는 괴물, 냉장고」

자본주의 시대를 살면서 냉장고를 없애라는 글쓴이의 주장은 다소 불편한 주장이 될 수 있다. 글쓴이가 냉장고를 없애자는 이유는 사본주의의 해체와 공동체 사회로의 회귀를 가져올 수 있다고 믿기 때문이다. 반대의 입장에서 본다면 이미 자본주의 사회에 익숙한 사람들에게 냉장고 하나 없앤다고 자본주의가 해체되리라는 보장이 없다라는 것도 설득력이 있다. 냉장고를 없애자는 이 명제에는 사실 답이 정해져 있지 않다. 그럼에도 글쓴이는 확고한 태도로 냉장고를 없애자는 주장을 펼친다. 그 배경에는 이렇게 사소한 것도 실천할 수 없다면 결국 인간은 자본주의의 노예로 전락할 수밖에 없다는 것이 글쓴이의 논리이다. 따라서 참과 거짓의 명제가 불명확한 글일수록 그 주장과 근거의 관계를 따져보면서 글의 보편성 여부와 주장의 공정성 여부를 잘 판단하여 읽어야 한다.

지금까지 학습한 내용을 기초로 다음 글을 지시에 따라 읽고 비판해 보자.

　　사무실이 많은 도심의 목욕탕이나 사우나 시설들은 대부분 남탕만 운영하고 있어서 여성 노동자들은 불편하다. 반대로 주거 지역의 '동네 목욕탕'에는 남탕이 없는 경우가 많다. 목욕탕을 운영하는 사람들이 도심에는 여탕, 주거지에는 남탕 이용객이 적다고 생각하기 때문이다. 도심은 정치와 경제 활동이 이루어지는 공적인 공간으로 간주된다. 공적인 공간은 남성의 삶의 무대로, 대개 공적인 공간 환경은 여성에게 우호적이지 않다. 여성은 '집 밖'과 '집' 모두에서 일하고 있지만, 집은 남성의 시각에서 휴식처로 간주되어 사적인 공간으로 여겨진다. 도심과 주거지 목욕탕의 성별성은 공/사 영역 분리 이데올로기가 성(차)별과 결합하여 공간 운영 원리에 적용된 일상적 사례다. 공간의 젠더화, 다시 말해 성별에 따른 공간 질서는 공간이 객관적이거나 중립적이지 않은, 사회 제도라는 것을 보여준다.

　　이처럼 공간과 성별 제도는 서로 긴밀한 관련을 맺고 있다. 공간은 젠더를 생산하고, 젠더는 공간을 생산한다. 흔히 부엌은 여성의 공간으로 간주된다. (…) 공간의 성별화 뿐만 아니라, 여성의 몸이 공간화되기도 한다. "여자는 밭, 남자는 씨"라는 가부장제 사회의 일상적 언설은, 여성의 난자도 독립된 세포로서 하나의 '씨'라는 '과학적 사실'을 위반한다. "남자는 씨"라는 주장은, 남성만이 인간 형성의 기원이고 인류를 대표하며, 생산의 주체라는 것을 은유한다. 이에 반해, '밭'은 '씨'가 무엇인가에 따라 그 성격이 달라진다. 이 담론에서 '밭'은 그 자체로서는 의미가 없다. '밭'은 씨에 의해서만 의미를 획득한다. (…) 이 담론은 행위자로서의 남성의 이동성, 자아실현, 현실 초월성, 창조성을 강조한다.

　　남성 중심 사회에서 여성의 몸은 공간으로 간주된다. 남성 젠더는 시간의 변화와 연결되지만, 여성의 젠더는 공간화된다. "남자는 배, 여자는 항구"라는 노래가사처럼, 남성은 자기 집을 소유하지만, 여성은 집 자체가 된다. 여성은 남성이 되찾아야만 하는, 잃어버린 진실의 저장고처럼 간주되는 것이다.(펠스키, 1998). 여성은 공간으로 간주되기 때문에, 향수병에 덜 걸리기도 한다. 여성은(어머니 역할을 하기 때문에) 향수병에 걸린 사람들이 그리워하는 대상이지, 향수하는 주체가 아니다. '어머니 여성'은 과거를 욕망하기보다는 과거 그 자체로 여겨지는 것이다.

- 정희진, 「성적 자기결정권을 넘어서」

**01** 이 글을 평가하기 위해 이 글의 내용에 대한 비판적 문제 제기의 단서를 생각해 보자.

**02** 이 글을 비판하기 위해 더 알아야 할 정보들은 무엇인지 생각해 보자.

**03** 신뢰성, 효용성, 공정성을 기준으로 하여 이 글을 평가해 보자.

메모

제 7 장

# 읽은 후 활동

## — 정보 내재화하기

 **기초 다지기**

　글을 읽고 난 후에는 읽은 내용의 의미와 가치를 자기 것으로 내재화하는 활동이 필요하다. 이것을 독서 후 활동, 혹은 줄여서 독후 활동이라 한다. 독후 활동은 독서에 대한 성취감을 맛볼 수 있게 하기 위한 활동으로, 독서를 통해 내면화된 깨달음을 다시 삶에 적용하여 주체적으로 살아가게 하는 것에 목적이 있다. 독서는 기본적으로 정보를 습득하기 위한 활동이다. 습득된 정보는 학습자가 스스로를 움직이는 원동력으로 작용하며, 나아가 개인의 삶에 도움이 되는 밑거름이 될 수 있다. 결국 긍정적인 의미의 독서 과정을 거쳤다면 학습자들은 독후 과정에서 바른 인성을 함양하고 질 높은 삶을 영위하는 방법을 제안 받을 수 있을 것이다.

　독후 활동을 위해서는 먼저 책을 읽으며 획득한 정보를 중요도에 따라 나누어 분석할 수 있어야 한다. 책 속에서 화제나 문제들을 접하고 이에 대한 반응을 얻었다면 이 생각들을 분석하고 종합할 수 있어야 한다. 책을 읽기 전에 지녔던 배경 지식들과 읽는 중 활용했던 추론적 읽기, 비판적 읽기 등의 방법을 통해 얻어진 정보들은 모두 독후 활동을 통해 정리될 수 있다. 읽은 내용의 핵심 정보가 무엇인지 고민하고 그 반응 양상을 다른 독자들과 공유하는 등의 활동들은 책에 대한 이해의 폭을 더욱 확장시킨다. 무엇보다 독서의 진정한 즐거움을 깨닫고 평생 독자로서의 발판을 마련하는 계기가 된다는 점에서도, 독후 활동은 효과적인 독서 전략이 될 것이다.

대표적인 독후 활동에는 '독서 감상문 쓰기'가 있다. 독서 감상문 쓰기는 전통적으로 가장 많이 이루어졌던 독후 활동으로, 읽은 내용을 요약하고 정리하여 창조적으로 재생산하는데 도움을 준다. 독서 감상문에는 읽은 책을 선정할 때 사용했던 기준이나 읽게 된 동기, 책의 중심 내용과 자신의 생각 등을 담아낼 수 있다. 읽은 내용에 대하여 질문을 만들거나 새로 습득한 내용의 활용 방안을 마련하는 등 독서 감상문에 포함될 수 있는 내용은 다양하다. 그 외에도 같은 작가의 다른 책을 읽어보거나 같은 분야의 다른 책 읽어보기, 자신의 삶에 적용해보기, 개인적인 반응을 주위 사람들과 공유하기 등의 활동들이 독후 활동으로 수행될 수 있다.

책의 개요표를 만들거나 독서 토론하기, 독서 신문 만들기, 드라마·역할 놀이하기, 미술 활동, 편지 쓰기, 창작 활동하기 등은 보다 창의적인 독후 과정에 속한다. 독서 토론은 독서를 통해 얻은 정보를 바탕으로 더 나은 지향점을 위해 의견을 나누고 견주어 보는 활동이다. 읽은 내용이 죽어있는 정보로 남아있지 않으려면 삶의 현실로 적용하고 고민해야 한다. 현재의 상태를 유지하는 것이 나은지 변화를 통해 새로운 미래로 도약하는 것이 나은지를 비교하고 실천을 고민할 수 있는 좋은 방법이 독서 토론이다.

독서 신문 만들기는 정보를 이해하고 활용하는 활동 이상의 가치를 획득할 수 있다는 점에서 유용한 독후 활동이다. 혼자보다 모둠을 만들어 수행하는 활동이므로 협동심과 리더십을 기를 수 있으며, 집단 안에서 의견을 조율하기 위해서는 필수적으로 의사소통능력을 점검할 수 있게 된다. 독서 신문에 수록될 내용을 선별하려면 중요도 평정이 이루어져야 한다. 읽은 내용에 대한 비판적인 평가는 학습자들의 초인지를 점검하는 활동이 되기도 하므로 이 회귀적인 과정은 전체적인 학습 역량에 큰 도움을 줄 수 있다.

또한 선정된 내용을 독창적으로 표현하기 위해서는 마인드맵을 그리는 등의 방법을 통해 아이디어를 짜내야 한다. 이 과정은 학습자들의 창의성 향상에 큰 도움이 되며, 정보를 찾기 위해 반복적으로 책을 다시 보게 된다는 점에서도 긍정적이다. 독서 신문 만들기는 방법과 결과물 모두 변용과 확장이 가능하여 학습자들의 독해 능력과 표현 능력을 향상시킬 수 있는 좋은 독후 활동이다.

드라마·역할 놀이하기는 읽은 책의 내용을 간단한 극이나 역할 놀이의 형태로 꾸며보는 활동이다. 극은 공감과 소통을 바탕으로 하는 공동체 활동이며, 학생들의 실제적인 활동은 책의 내용을 더욱 생생하게 삶으로 끌어올 수 있다. 아무리 간단한 극이라도 상황을 설정하고 배역을 정하며 대사를 써야 한다. 학습자들은 이 과정에서 인문학적인 소양과 비판적인 사고능력을 기를 수 있고, 합리적인 의사결정을 이한 소통능력 역시 함양할 수 있다. 무엇보다 극의 상연은 학습자들의 자신감을 고취하여 긍정적인 에너지를 제공한다. 이를 통하여 학생들은 인문학적 소양을 갖춘 바람직한 인재로 성장할 수 있다.

미술 활동은 읽은 내용의 일부분이나 주제 등을 미술 활동으로 바꾸어 표현해보는 독후 활동이다. 학생들마다 관심 분야가 다르기에 누군가에게는 독서가 지루하게 느껴질 수 있다. 다른 분야로의 확장은 독서 흥미를 고취시키면서 즐거움과 재미를 제공하는 방법이 될 수 있다.

편지 쓰기는 편지글의 형식을 사용하는 독후 활동이다. 읽은 책을 다른 사람에게 소개하는 편지를 쓰거나 이야기의 등장인물에게 편지를 써볼 수 있다. 전자의 경우에는 자신이 왜 이 책을 추천하는지에 대한 내용이 반드시 포함되므로, 읽은 내용을 분석하고 종합하는데 효과적이다. 막연했던 독서 감상이 구체화되는 효과도 낳을 수 있다. 등장인물에게 편지를 쓰는 활동은 책에 대한 몰입도를 높여, 인물에 공감하고 상황을 이해하게 하는 등 학습 효과를 증대시킬 수 있다.

창작 활동하기는 수용된 내용을 기반으로 결말이나 장르를 바꿔 학생들의 창작 능력을 높여주는 독후 과정이다. 이야기의 플롯을 비틀어보거나 인물의 성격을 바꿔보는 것 만으로도 학습자들은 스스로 이야기를 만들었다는 것에 큰 만족감을 느낄 수 있다. 제시되지 않은 부분을 상상하여 이야기로 만들어본다거나 다른 결말로 바꾸면서 향유자에서 창작자가 되는 경험을 하는 것이다. 또한 시를 소설로 바꿔 쓰거나 에세이를 시로 바꿔보는 등 다른 장르로의 치환을 시도하면서, 책에 대한 포괄적인 이해를 도모하게 된다.

독후 활동은 독서 과정 중 습득한 지식이나 정보를 확인할 수 있는 단계라는 점에서 반드시 필수적이다. 수용된 정보는 독자의 장기 기억 속으로 내재화하여 스키마로 형성되고, 형성된 스키마는 다른 독서 과정에서 읽기 전 단계에 활용될 수 있을 것이다. 무엇보다 이를 바탕으로 학습자들이 사고를 확장해 나가는 힘을 얻는다는 점이 가장 중요하다. 독자의 성장을 가시화하고 전략적으로 돕는다는 점에서, 우리는 독후 활동을 통해 생각하는 힘은 물론 상상하는 힘을 키워갈 수 있을 것이다.

독서를 통해 획득한 정보를 기준으로 점검하기, 내재화하기, 활용하기 순으로 읽은 후 활동의 단계를 설정하고 각 과정별로 수행할 수 있는 활동들을 알아보자.

## 1. 획득 정보 점검하기

 전략 익히기

전략적으로 책을 읽는 과정을 수행했다면 학습자들은 새로운 정보를 접하게 된다. 이 정보를 전부 내재화하기에 앞서 기준을 두고 점검하는 단계가 필요하다. 습득된 정보는 비판적 사고력을 바탕으로 점검하고 정보를 재정리한다. 구체적인 전략으로는 중심 내용 요약하기, 도표로 내용 정리하기, 인상적인 글귀 메모하기 등

책의 중요 내용을 기억하기 위하여 다양한 방법들을 활용할 수 있다.

그중 책의 중요 내용을 가장 잘 기억하는 방법은 '메모하기'이다. 메모는 잊지 않기 위하여 요점을 간략히 적어두는 일로 특별한 형식이 없어 자유롭게 작성할 수 있다. 메모를 하면 흩어지는 부분 없이 내용을 기억할 수 있으며, 전체 메모의 흐름을 통해 사고의 과정을 파악할 수도 있다. 기록에는 관찰의 힘이 있다. 책의 내용을 면밀하게 관찰할 수 있고 의미 없었던 내용에 특별함을 부여할 수도 있게 된다.

자유로운 형식 안에서 일정한 기준을 두어 종류를 구별하며 작성해보는 것도 좋은 방법이 된다. 반드시 기억해야 할 내용, 기억하면 좋을 내용 등을 구분한다거나 항목별, 주제별, 핵심단어별 등으로 구분하여 정리하면 추후 정보를 활용하기에 편리할 것이다. 내용 메모와 생각 메모 등으로 나누어 두는 것도 저자의 생각과 학습자의 생각을 구별할 수 있어서 유용하다.

메모는 수첩이나 노트를 활용할 수도 있지만 홈페이지나 카페, 블로그를 활용하는것도 좋은 방법이다. 독자들은 자신에게 가장 익숙한 매체를 활용하여 메모 습관을 기를 수 있도록 한다.

## 나라마다 다른 골뱅이 이름

흥미롭게도 프랑스와 이탈리아 사람들은 우리와 비슷하게 @를 '달팽이'라고 부른다. 역시 이 두 나라 사람들은 라틴계 문화의 뿌리도 같고 디자인 강국답게 보는 눈도 비슷하다. 그런데 독일 사람들은 그것을 '원숭이 꼬리'라고 부른다. 그리고 동유럽 폴란드나 루마니아 사람들은 꼬리를 달지 않고 그냥 '작은 원숭이'라고 부른다. 그러니까 나라가 달라지면 @의 모양이 원숭이 꼬리로 보이기도 하고 원숭이의 귀나 항문으로 보이기도 하는 모양이다.

그런데 더욱 이상한 것은 북유럽의 핀란드로 가면 '원숭이 꼬리'가 '고양이 꼬리'로 바뀌게 되고, 러시아로 가면 그것이 원숭이와는 앙숙인 '개

(소바카)'로 둔갑한다는 사실이다.

아시아는 아시아대로 다르다. 중국 사람들은 점잖게 쥐(鼠)에다 노(老)자를 붙여 '라오수(小老鼠)' 또는 '라오수하오(老鼠號)'라 부른다. 일본은 쓰나미의 원조인 태풍의 나라답게 '나루토(소용돌이)'라고 한다. 혹은 늘 하는 버릇처럼 일본식 영어로 '앳 마크'라고도 한다.

아무리 봐도 달팽이나 원숭이 꼬리로는 보이지 않는다. 더구나 오리, 개, 그리고 쥐 모양과는 닮은 데라곤 없는데도 그들의 눈에는 그렇게 보이는 모양이니 문화란 참으로 신기한 것이다. 그러니 글로벌 스탠더드라는 것이 참으로 어렵고 황당하다는 생각이 든다.

그런데 팔이 안으로 굽어서가 아니라 30여 개의 인터넷 사용국 중에서 @와 제일 가까운 이름은 우리나라의 골뱅인 것 같다. 골뱅이의 윗 단면을 찍은 사진을 보여주면 모양이나 크기까지 어느 나라 사람이든 무릎을 칠 것 같다. 더구나 e메일의 @으로 찌개를 끓여먹을 수 있는 것은 오로지 한국의 골뱅이 뿐이다.

@을 '앳 사인'이라고 부르는 미국인들이 디지털적 논리를 반영한 것이라면, 한국의 골뱅이는 시골의 맑은 냇물을 연상시키는 시각에 찌개의 얼큰한 미각까지 느끼게 하는 아날로그적 발상과 감성의 산물이다.

— 이어령, 『디지로그』

위위 글을 읽은 후 내용을 기억하기 위해 무엇을 메모하는 것이 좋을까? 자신이 인상적이었던 부분과 글의 내용 변화를 중심으로 메모하는 방법을 제시할 수 있다. 나라마다 @을 어떻게 호명하고 있는지를 정리한 메모가 대표적인 예이다. 여기에 서지사항과 자신의 느낌, 생각 등을 추가한다면 독후활동으로 적당한 메모가 된다.

## 2. 획득 정보 내재화하기

### 전략 익히기

책을 읽는 순간에는 그 내용을 즐기고 감동을 받지만 책을 읽고 난 후 한참의 시간이 흐르면 책 제목이나 책 내용의 일부분만 기억에 남는 경우가 많다. 자신이 읽은 글을 제대로 기억하고 효과적으로 활용하기 위해서는 책을 읽고 난 후에 내재화하는 과정이 필요하다. 내재화란 독서를 통해 입수한 정보가 머릿속에서 제대로 인식되어서 그것과 관련된 경험을 하게 되는 경우에 언제든지 영향을 미칠 수 있거나 스스로 문제를 해결할 수 있는 방법을 손쉽게 찾을 수 있을 정도가 되는 것을 말한다.

정보를 내재화하기 위해서는 단순 정보 정리가 아닌 자신의 생각과 감정을 포함한 좀 더 심화된 방법으로 독서록을 작성하거나 정보 공유 및 적용을 위한 다양한 방법을 사용해 볼 수 있다. 예시로 들 수 있는 방법들은 다음과 같다.

―책 소개하기

―읽은 책 내용 발표하기

―서평 또는 리뷰 쓰기

―독서 클럽 조직하기

―독서 토론회 참가하기

―독서 신문 만들기

―독서 편지 주고받기

―독서 달력 만들기

―동화 구연 대회

―독서 방송 청취하기

- 극화(역할놀이)
- 퍼즐을 이용한 독서 감상 표현
- 마인드맵을 이용한 독서 감상 표현
- 블로그 또는 개인 홈피를 통한 독서 감상 표현
- 책 광고 작성하기
- 책에 대한 감상문 이어 쓰기
- 인상 깊은 구절이나 글을 모아 책자 만들기
- 작중인물에 대한 모의재판
- 도서 소개문 스크랩하기
- 우량도서 전시회
- 우량도서/불량도서에 대한 모의 간행물 심사
- 독서퀴즈대회

　　제시한 방법들 외에도 다양한 창의적 활동들을 구상해 볼 수 있다. 획득된 정보의 내재화는 학습자의 적극적이고 창의적인 활동에 비례하기 때문이다. 다음 자료에서는 학생들이 직접 만든 책들을 살펴볼 수 있다. 학생들은 읽은 책의 내용을 바탕으로 새롭게 내용을 구성하여 전혀 다른 줄거리를 만들어 냈고, 이 내용에 어울리는 그림을 직접 그려 적극적으로 정보의 내재화를 시도하였다.

책의 표지

실망감을 느낀 늑대는 집으로 돌아가는 도중에 근사한 벽돌집을 발견했어요.

"음.. 한번 마지막으로 갔다와 볼까?"

"어서오세요! 나물이 풍부하게 들어있는 비빔밥집 입니다!"

"비빔밥 주세요"

"여기있습니다! 고추장을 원하시는 만큼 넣어서 나물과 함께 드세요!"

"냠뇸.. 오오 여기 밥이 고슬고슬 하고 나물 들이 싱싱하고.. 마치 밥과 여유 나물들 끼리 모여서 춤을 추고있어.. 정말 나의 생애에서 잊을수 없는 맛이야... 다시오고 싶구만!"

....

정말 맛있게 잘 먹었습니다.
다른 집보다 정성이 느껴졌어요.!!
이런 맛을 맛보게 해 주셔서 정말 감사합니다."

"아니에요, 제가 음식 만드는 것을 좋아해서 이런 말을 들으니 보람차네요. 나중에 또 와주세요! 그때도 서비스 드릴게요!"

<아기돼지 삼형제> 패러디

지니는 승호에게 말했어요.
"허허, 날 부른 사람이 너냐?
　나가 3가지 소원을 들어 주겠다!
　하지만 3가지 불행이 따라온다.
　소원이 무엇이냐?"
승호는 넙죽마음을 가라 앉히며,
"첫번째는 부자가 되게 해주세요.
두번째는 잘생기게 해주세요.
세번째는 불로장생하게 해주세요!"
라고 말했어요.
　지니는 그자리에서 바로 소원을 들어주었어요.

<알라딘과 요술램프> 패러디

둘은 결혼을 해서 행복한 나날을 보내던 중
밤마다 나가는 왕자를 발견하고 의심을 하게 됩니다.
어느 날 의심을 가지고 있던 신데렐라가 또 다시
나가는 왕자를 미행했습니다. 따라나선 곳에서
왕자가 바람피는 장면을 보게 되었습니다.

<신데렐라> 패러디

백설공주의 악주로 가득찬 난쟁이들의 집은 난쟁이들에게 고통을 주었어요.

난쟁이들은 하는수없이 백설공주를 깨워 내쫓았고 백설공주는 또다시

산속에 남겨졌어요. 결국 백설공주는 수없이 넓은 산속을 헤매다가

배고픔과 피곤함을 못이겨 쓰러졌어요.

<백설공주> 패러디

고시패스

4년에 걸친 장화의 고시생활로 생활고를 겪고있는
홍씨박인은 점점 힘들어졌습니다.

"으윽... 이번달도 고기반찬은 꿈도 못 꾸겠네..."

재수 없음

1000

<장화홍련> 패러디

선녀의 목욕 장면을 훔쳐본
나무꾼은 선녀를 갖기 위해
날개옷을 훔쳤다

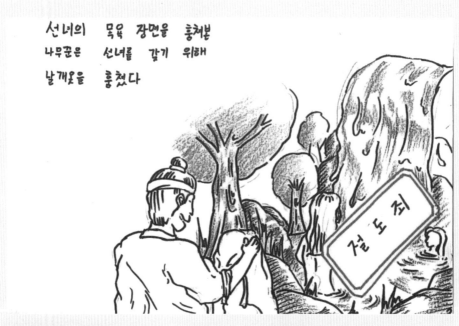

하늘나라에서 선녀는 옥황상제에게
이야기하였다.
그 이야기를 들은 옥황상제는
나무꾼이 나무가 되는 벌을 내렸다.

<선녀와 나무꾼> 패러디

# 3. 획득 정보 활용하기

독서를 통해 획득된 정보는 사고 활동을 거쳐 심화되거나 고도화 과정을 거친 뒤 또 다른 표출로 이어져 가치를 파생할 수 있어야 한다. 뿐만 아니라 입수된 정보는 다양한 문제들을 해결하는 데 유용하게 활용될 수 있다.

내재화 과정이 학습자들의 내면적인 변화를 이끈다면 획득된 정보를 활용하는 단계에서는 구체적이고 실천적인 변화로 발돋움하도록 시도한다. 이를 위해서는 객관적으로 받아들인 정보를 나의 세계관으로 끌어들여 주관화하는 일이 필요하다. 책이나 글에서 제시된 내용을 정확하게 파악하는 것이 정보의 객관화라면 정보의 주관화는 글쓴이의 주장이나 글쓴이가 제시한 근거에 대해 비판적으로 읽어가면서 나의 생각을 일깨우는 것이다. 나의 변화를 가져오는 것이 진정한 정보 활용이며 이 정보를 통하여 새로운 정보를 받아들일 때마다 그 정보의 이해를 높이고 좀 더 고차원적인 정보로 융합될 수 있어야 한다.

예를 들어 수용된 정보가 활용할 수 없는 지식에 머물러 있다면 이는 성공적인 독서, 전략적인 독서를 수행했다고 볼 수 없다. 내재된 정보는 다른 분야의 글을 읽을 때 배경지식으로서 활용할 수 있어야 하며, 나아가 이를 학습자 스스로의 삶에 어떻게 적용할 것인지 고민하고 실천해야 한다.

중국에서 고대부터 복희 여와 남매를 민족의 시조로 숭배해 왔다. 한 나라 때의 돌에 새겨진 그림인 화상석이라든가 당나라 때의 채색한 비단 그림인 백화 등에는 복희 여와 남매가 상반신은 인간이며 하반신은 뱀의 모습을 한 것으로 묘사되어 있다.

그런데 인류의 시조 복희 여와 남매가 결합하고 있는 그림은 단순한 볼거리를 넘어서 심오한 우주의 원리를 표현하기도 한다. 복희는 직선을 그릴 수 있는 곱자를 들고 있는데 이것은 남성의 원리인 양의 기운을 나타내며 여와는 원을 그릴 수 있는 컴퍼스, 곧 그림쇠를 들고 있는데 이것은 여성의 원리인 음의 기운을 나타낸다. 따라서 이들 남매는 우주 원리의 그 자체를 상징한다. 이들의 하반신이 뱀의 형상이고 서로 꼬여 있는 모습도 흥미롭다. 어떤 이는 이것에서 나선형으로 꼬여 있는 수정란의 DNA를 연상하기도 한다. 수정란의 DNA는 아빠에게서 온 DNA 한 가닥과 엄마에게서 온 DNA 한 가닥이 서로 꼬여져 있다. 인류 최초의 아버지와 어머니가 결합한 모습이 수정란의 DNA와 비슷하다는 사실은 묘한 일치이다. 원시 인류의 신화적 상상력이 최첨단의 과학과 만나는 순간이 아닐까?

― 정재서, 『이야기 동양신화』

위 글에서는 하나의 새로운 정보를 분석하며 이미 내재화된 정보를 끄집어 낸다. 복희의 곱자를 양의 기운으로, 여와의 그림쇠를 음의 기운으로 연결하는 사고의 과정이 그 예이다. 또한 하반신의 형상에서 DNA를 연상해 내기도 한다.

정보는 이렇게 서로 연결되며 다른 정보를 이해하고 분석하는데 활용된다. 이 과정은 학습자들이 흥미를 가질만한 새로운 정보를 창출하여 텍스트의 감상과 창작이 조화롭게 어우러지는 독후 활동을 이끌어 낸다. 결국 획득한 정보를 성공적으로 활용하기 위해서는 습득된 정보의 내재화가 필수적이라 할 수 있다.

아래 글을 읽고 기억해야 할 사항을 다양한 방법으로 메모해 보자.

공식명칭은 '134340 플루토'이다. 1930년에 발견되어 태양계의 9번째 행성으로 정의되었다가 2006년 8월 국제천문연맹(International Astronomical Union: IAU)에서 행성의 분류법을 바꾸면서 왜소행성으로 분류된 천체이다. 처음 왜소행성 명왕성은 저승 세계의 지배자(Hades)의 이름을 따서 플루토(Pluto)라 명명되었다. 그러나 2006년 8월에 왜소행성으로 분류된 이후로 소행성 목록에 포함되어 134340이란 번호를 부여받았다.

명왕성이 발견된 역사는 다음과 같다. 천문학자들은 천왕성의 궤도상 운동을 자세히 관측해 본 결과 해왕성으로부터의 영향 외에도 어떤 작은 힘(섭동력)의 영향을 받아 궤도 운동이 불안정한 것을 확인하였다. 이를 통해 계속된 행성운동 관측에 따라 1930년 3월에 미국의 톰보(Tombaugh, Clyde W.)가 로웰(Lowell, Percival)이 예측한 위치 근방에서 명왕성을 발견했다. 그러나 오늘날 그의 발견은 요행으로 일어난 사건으로 보고 있다. 왜냐하면 현재는 명왕성의 질량이 매우 작아서 실제 천왕성의 궤도 운동에 영향을 주었다고 보지 않고 있기 때문이다.

명왕성이 행성에서 제외된 이유는 명왕성 궤도 가까이에 있는 카이퍼 띠(Kuiper Belt: 해왕성 바깥쪽에서 태양의 주위를 도는 얼음덩어리와 미행성체들의 집합체)를 끌어들일 만큼 충분한 중력을 가지고 있지 않기 때문으로 보고 있다.

명왕성의 반경은 달(1,738km)보다도 작아서 1,151km밖에 되지 않는다. 질량 또한 매우 작고($1.3*10^{22}$kg) 공전궤도의 이심률과 궤도기울기가 커서 다른 행성과 차이를 보인다. 위성으로는 카론(charon:134340 I), 닉스(nix:134340 II), 히드라(hydra:134340 III), 케르베로스(Kerberox:134340 IIII), 스틱스 (Styx:134340 IIIII)가 있다.

— 네이버 지식백과

## 실전연습 2

책 한 권을 선정하여 읽고 독서록을 작성해 보자.

| 기록한 날짜 | 년      월      일      날씨 | | |
|---|---|---|---|
| 책이름/글 제목 | | 지은이 | |
| 읽기 시작한 날 | | 다 읽은 날 | |

읽 고 나 서

**실전연습 3**

독서퀴즈대회를 실시하고자 한다. 다음 지시문에 따라 퀴즈 문항을 작성해 보자.

## 독서퀴즈대회 문제

A. 예선 문제

다음 글을 읽고 아래 답안지에 맞으면 O, 틀리면 X로 표시하시오.

1.
2.
3.
4.
5.

B. 본선 문제

1.
2.
3.
4.
5.

C. 왕중왕전 문제

1.
2.
3.
4.
5.

다음 글을 읽고 '동학농민항쟁'처럼 드라마의 바탕이 되었던 역사적 사건들에 대한 정보를 찾아 정리해 보자.

2019년 방영된 SBS 드라마 <녹두꽃>은 녹두장군 전봉준의 지휘 아래 일어났던 동학농민항쟁을 배경으로 제작되었다. 봉건의 시대에서 근대의 시대로 넘어가는 이 전환기적 사건을 통해 한국 혁명의 역사를 엿볼 수 있다.

메모

제 3 부

# 분야별 독서 방법

# 제 8 장
# 인문학

인문학(人文學, Humanities)은 인간의 가능성을 탐구하는 학문의 총체이다. 인간에게 주어진 현실적 제도나 조건은 어떤 선한 의도에도 불구하고 지루해지거나 억압적이게 되고, 때문에 인간은 더 나은 생명, 자유, 즉 대안적 가능성을 끊임없이 추구하기 마련이다. 인문학에서는 그 같은 현실의 조건을 반성하고 모두가 인간다울 수 있는 가능성을 추구하며, 이를 위해 '반성', '자유', '가능성', '비판', '억압의 극복', '표현' 등의 문제를 주로 다룬다. 인문학은 물음으로 시작하지만, 특정한 정답에 오래 안주하지도 않는다. 어떠한 답도 새로운 지평을 위해 새롭게 검토되어야만 하기 때문이다. 인간이라는 존재에 대한 근원적인 궁금증이 바로 인문학의 핵심 지표이며, 인간을 알아 가기 위한 진지한 탐구가 곧 인문학의 궁극적 사명인 것이다. 문학, 역사학, 철학, 미학, 종교학, 예술학 등이 인문학의 전통적 영역으로 자리매김되어 왔다.

# 1. 문학(소설 · 시)

103동 502호 김석만씨는 내가 입금한 돈 칠백만원을 돌려주시오!

붉은색 매직펜으로 큼지막하게 쓰인 그 글씨들을 읽고 나는 남자의 얼굴을 다시 한번 바라보았다. 분명 어젯밤 호프집에서 만난 그 남자가 맞았다. 부스스한 머리칼도, 검은색 양복도 그대로였다. 남자는 사람들을 향해 대자보를 높이 쳐들지도 않았고, 아파트 쪽도 쳐다보지 않은 채, 그저 가만히 고개를 숙인 상태로 앉아만 있었다. 돗자리 끝부분엔 남자의 것으로 보이는 감색 운동화 한 켤레가 가지런히 놓여 있었다.

나는 창문을 올리고 다시 차를 움직였다. 정문 경비가 내 차를 보자 인사를 했고, 나도 꾸벅 고개를 숙였다. 망신을 주려고 온 사람이었구나 나는 핸들을 돌리면서 그렇게 생각했다. 뭐야, 그럼 어젯밤부터 저기에 저러고 앉아 있었다는 건가? 502호? 502호에 누가 살지? 저런다고 소용이 있을까? 직접 찾아가서 담판을 내야지. 나는 속도를 높이면서 그런 생각들을 하다가 이내 다시 그날 작성해야 할 서류들과 학과 취업률 따위들을 떠올렸다. 칠백만원이든 천칠백만원이든 남과 남 사이에 벌어진 일이었다. 내가 참견할 만한 일도, 참견할 수도 없는 일이었다. 그저 누군지 모를 사람의 망신을 한 번 보았을 뿐. 저러다가 금세 말겠지. 나는 그렇게 생각했다. 나는 학교에 도착한 후 인터넷으로 죽은 아이의 아빠가 단식을 시작했다는 기사와, 교육부에서 대학의 구조조정 로드맵을 발표했다는 기사를 차례로 읽었고, 교무처와 인재개발원 팀장들과 길게 통화를 했다. 그러다보니 어느 순간 점심시간이 되었고, 자연스레 아침에 보았던 남자를 잊을 수 있었다.

그러나 저러다가 말겠지, 했던 남자는 내 예상과는 다르게 몇 날 며칠 그 자리에 계속 앉아 있었다. 그사이 파란 천막 모서리에는 커튼처럼 얇은 비닐이 사면으로 매달렸고, 돗자리 위에는 스티로폼 두 장이 새로 깔렸다. 밤이 되면 비닐을 내리고, 스티로폼 위에 침낭을 깔고 자는 모양이었다. 그리고 다시 아침이 되면 비닐을 둘둘 말아올린 후, 합판에 붙인 대자보를 자신의 무릎 앞에 세웠다. 남자는 여전히 말이 없었고, 아파트 단지 안으로 들어오는 일도 없었으며, 아파트로 들어가는 사람들을 붙잡고 말을 거는 일도 없었다. 그는 그저 고요하게 거기에 앉아 있을 뿐이었다.

그 며칠 사이 나는 '참좋은 마트' 사장에게서 남자에 대한 사정을 좀 더 자세히 듣게 되었다. 그게요, 사정이 좀 딱하게 됐더라구요. '참좋은 마트' 사장은 나를 비치파라솔 의자에 앉힌 후 음료수 한 병을 따주면서 말을 이었다. 저 사람이 어린 시절부터 부모 떠나서 어렵게 지낸 모양인데, 아, 얼마 전까지는 인천에 있는 무슨 세차장에서 일을 했다고 하더라구요. 한데, 저 사람 어머니라는 분이 몇 달 전에 갑자기 찾아와서는 자기가 빚을 졌으니 조금 도와달라고 하면서 계좌번호를 놓고 간 모양이에요. 알고 봤더니 이 사람 어머니라는 분이 사채를 쓴 모양인데…… 추어탕집 주방에서 일했다나 어쨌다나. 뭐 아무튼 거기에서 일하다가 관절염 때문에 그만두고 철없이 사채를 썼나봐요. 처음에 이백만원을 빌린 게 금세 사백만원이 되고 육백만원이 되고 칠백만원까지 된 모양이에요. 그러니 덜컥 겁이 났겠죠. 그래서 할 수 없이 오래전부터 왕래가 없던 아들을 찾아간 모양인데…… 남자도 선뜻 돈을 보내진 못한 모양이에요. 당장 그만한 돈을 마련하기도 어려웠겠지만, 뭐 안 봐도 뻔한 거 아니겠어요? 거 왜 섭섭하고 원망 같은 게 없었겠어요. 딱 봐도 해준 것도 없는 어머니 같은데, 갑자기 찾아와서 도와달라고 하니…… 아무튼 그래도 이 사람이 몇 달 뒤에 그 계좌로 돈을 넣은 모양이에요. 군소리 없이 칠백만원 전부.

'참좋은 마트' 사장은 그 대목에서 잠시 말을 끊었다. 언제부터인가 '란 헤어센스' 여사장도 우리 옆에 와서 자리를 잡고 앉아 있었다. 매미가 울고, 날파리가 많은 여름 저녁이었다.

한데 여기서부터가 더 안타까운 얘기인데…… 그사이에 저 사람 어머니노 그 돈을 삶았다는 거예요. 살고 있던 방 보증금도 빼고 여기저기 아는 사람들한테 조금씩 융통도 하고…… 그리고 그 돈을 갖고 얼마 뒤에 바로 돌아가셨대요. 저 사람이 말은 안 하는데 아마도 스스로 목숨을 놓은 모양인데…… 그러니까 결과적으로 사채업자에게 돈이 두 번 들어

간 거죠. 저 사람이 한 번, 저 사람 어머니 한 번…… 저 사람, 얼마 전 어머니 장례를 뒤늦게 치르고 곧장 여기로 내려온 모양이에요.

- 이기호, 「권순찬과 착한 사람들」 부분

이기호의 「권순찬과 착한 사람들」은 한 아파트 단지 내에서 일어난 사건을 대학 교수인 '나'를 통해 묘사한다. 작중 화자는 사건의 중심에 있는 '권순찬'과 같은 아파트에 살고 있는 순박한 사람들의 행동을 통해 현대 사회의 실상을 보여준다. 이 소설에서 화자는 강자와 약자, 선과 악의 대립을 일회적이고 개인적인 사고가 아닌 구조적이며 지속적인 사건으로 느끼며 자본주의 사회에서의 불편한 현실을 직시하게 된다.

**01** 위에 인용된 부분은 '권순찬'을 둘러 싼 사건의 발단과 전개에 해당한다. 이 사건 이후에 어떤 일이 발생했을 것 같은가? 앞의 내용을 토대로 뒤에 이어질 사건에서의 '권순찬'과 아파트 주민, 화자인 '나'의 상황에 대해 추측해 보자.

**02** 소설 말미에서 화자는 103동 502호에 들어가는 사람을 발견하고는 "그였구나! 그 사람이었구나!"라고 말한다. 그리고 "지금 여기에, 그 이야기를 쓰기 시작했다. 우리는 왜 애꿎은 사람들에게 화를 내는지에 대해서."라고 소설을 마무리한다. 화자가 위와 같이 말한 이유는 무엇일까? 우리가 정말 분노해야 할 대상을 누구라고 생각하는가? 현대 사회의 구조를 생각하며 대상을 구체화해 보자.

그해 겨울이 지나고 여름이 시작되어도
봄이 오지 않았다 복숭아나무는
채 꽃 피기 전에 아주 작은 열매를 맺고
불임의 살구나무는 시들어 갔다
소년들의 성기에는 까닭없이 고름이 흐르고
의사들은 아프리카까지 이민을 떠났다 우리는
유학 가는 친구들에게 술 한잔 얻어 먹거나
이차 대전 때 남양으로 징용 간 삼촌에게서
뜻밖의 편지를 받기도 했다 그러나 어떤
놀라움도 우리를 무기력과 불감증으로부터
불러내지 못했고 다만, 그 전해에 비해
약간 더 화려하게 절망적인 우리의 습관을
수식했을 뿐 아무 것도 추억되지 않았다
어머니는 살아 있고 여동생은 발랄하지만
그들의 기쁨은 소리 없이 내 구둣발에 짓이겨
지거나 이미 파리채 밑에 으깨어져 있었고
춘화를 볼 때마다 부패한 채 떠올라 왔다
그해 겨울이 지나고 여름이 시작되어도
우리는 봄이 아닌 윤리와 사이비 학설과
싸우고 있었다 오지 않는 봄이어야 했기에
우리는 보이지 않는 감옥으로 자진해 갔다

－이성복, 「1959년」 전문

▷ 이성복의 시 「1959년」는 일반적인 시의 해독 방법을 거부한다. 그것은 시인이 시어와 이미지의 유기적 연관성을 해체하고 의미를 교란시키고 있기 때문이다. 또한 서정시의 관습을 의도적으로 파괴하고 다양한 이미지를 몽타주함으로써, 독자에게 '낯설게 하기'를 통한 새로운 미적 경험을 선사한다. 그럼에도 이 시에서 새로운 의미를 발견할 수 있는 것은 '어떤 놀라움도 우리를 무기력과 불감증으로부

터 불러내지 못했다'는 구절 때문이다. 이는 관습적 사유에 빠져 있는 독자로 하여금 의식의 무기력과 불감증에 충격을 줌으로써 삶의 이면에 감추어진 진실을 깨닫게 만드는 요인이 된다.

**01** 이 시의 첫 부분 '그해 겨울이 지나고 여름이 시작되어도 봄이 오지 않았다'는 구절과 '어떤 놀라움도 우리를 무기력과 불감증으로부터 불러내지 못했다'는 구절의 연관성에 대해 생각해 보고, 무기력과 불감증에 관련된 시적 이미지들을 정리하여 보자.

**02** 이성복의 다른 시 「그날」의 마지막 구절은 '모두 병들었는데 아무도 아프지 않았다'라는 문장으로 끝을 맺는다. 「1959년」에서의 무기력과 불감증이 이 문장에는 어떻게 적용될 수 있는지 살펴보자.

## 2. 역사

　도대체 역사적 사실이란 무엇인가? 이것은 우리들이 좀 더 치밀하게 생각해 봐야 할 중대한 문제다. 상식적인 관점에 의하면 어떤 역사가에게 나 동일한, 말하자면 역사의 뼈대가 되는 기초적 사실들이 있다는 것이다. 헤이스팅스 전투는 1066년에 있었다는 사실 같은 것이 그 일례라 하겠다. 그러나 이러한 관점에 대해서는 두 가지 고찰이 필요하다. 첫째로 역사가 의 일차적 관심은 이러한 사실에 있지 않다. 큰 전투는 1066년에 일어났고 1065년이나 1067년에 일어나지 않았다는 것, 헤이스팅스에서 싸움이 벌어졌고 이스트본이나 브라이턴이 아니었음을 아는 것은 확실히 중요하다. 역사가는 이러한 점에서 잘못을 저질러서는 안 된다. 이러한 점이 강조될 때 나는 '정확은 의무이지 미덕은 아니다.'라고 한 하우스만(Alfred E. Housman)의 논평을 생각한다.

　역사가를 정확하다고 해서 칭찬한다는 것은 잘 말린 목재를 썼다거나 잘 혼합된 콘크리트를 썼다고 해서 건축가를 칭찬하는 것이나 마찬가지 이다. 그것은 그의 일의 필요조건이지 본질적 기능은 아닌 것이다. (…중 략…) 우리들이 1066년에 헤이스팅스에서 전투가 벌어졌다는 것을 알려고 하는 유일한 이유는 역사가들이 그 전투를 주요한 역사적 대사건으로 본 다는 것에 있다. 시저가 루비콘이라는 작은 강을 건넜다는 것이 역사적 사실이라는 것은 역사가들이 자기들의 이유에 따라 결정한 것이지 그 전 에나 그 후에 수백만의 다른 사람들이 루비콘 강을 건넜다는 일에 대해서 는 아무나 관심을 두지 않는다.

　여러분이 반 시간 전에 걸어서, 혹은 자전거나 자동차를 타고 이 건물 에 도착했다는 사실도 시저가 루비콘강을 건넜다는 사실과 꼭 마찬가지로 과거에 관한 사실임에는 틀림없다. 그러나 역사가들은 아마도 이를 무시 해 버릴 것이다. (…중략…) 역사란 불가피하게 선택적이게 마련이다. 역 사가의 해석으로부터 독립하여 객관적으로 존립하는 역사적 사실이라는 굳은 핵(核)을 믿는 다는 것은 전후가 전도된 오류다. 그러나 이러한 오류 를 근절한 다는 것은 매우 어려운 일이다.

-E.H 카, 「역사와 사실」 부분

▶ E.H 카의 「역사와 사실」은 역사의 뼈대가 되는 기초적 사실이 두 가지의 입장에서 고려되어야 함을 밝히고 있다. 가령, 시저가 '루비콘강을 건넜다'라고 쓰면 역사적 진술이 되지만, 그렇다고 루비콘강을 건넌 과거의 모든 진술이 역사가 되지는 않는다고 E.H 카는 주장한다. 인용문에서도 밝히고 있듯 루비콘 강을 건넌 사람들은 비단 시저뿐만이 아니기 때문이다. 시저 이전과 이후에도 무수히 많은 사람들이 루비콘 강을 건넜고, 따라서 시저가 그 강을 건넜다는 '사실'에 대한 기록만이 역사적 진술이 될 수 있음을 암시한다. 보통의 사람들이 커피를 마시고 산책을 하고 운동을 하는 일상이 역사적 기록이 될 수 없는 이유는 바로 이 때문이다. 따라서 하나의 사건이 역사적 진술이 되기 위해서는 반드시 역사가에 의해 그 사실이 '선택'되어야 하고 '해석'되어야만 하는 것이다.

**01** 역사적 진술이라는 것이 한 개인의 주관(역사가의 주관)에 의해 선택된 정보의 나열에 불과하다면, 역사가의 선택과 해석 또한 허구를 기반으로 하는 소설의 특성에도 부합될 수 있다. 역사와 문학의 차이가 무엇인지를 생각해 보고, 이 물음에 대한 자신의 입장을 밝혀보자.

**02** 역사적 진술은 객관적 사실에 충실해야 하지만, 그 사실을 고정 불변하는 것으로 받아들인다면 역사의 발전적인 진술은 기대할 수 없다. '정확은 의무이지 미덕은 아니다'라는 속뜻이 무엇을 의미하는지 생각해보자.

## 3. 철학

　우리 인간들은 감옥에 갇혀 있는 자와 같다. 우리들은 땅 밑에 있는 동굴 안에 있으며, 태어나면서부터 의자에 붙들어 매여 있어서, 뒤돌아볼 수도 없으며, 항상 출입구와 맞서 있는 벽 밖에 볼 수가 없다. 이 갇혀 있는 자의 뒤쪽에, 즉 입구 쪽에, 동굴을 가로질러 사람 키만한 벽이 있고, 그 뒤에서 불이 타고 있다. 그런데 이 불과 벽 사이를 인간들이 지나다니며, 이 때 이 벽보다 높은 사람의 모습과 형체, 동물의 모습 및 도구 등을 짊어지고 다니게 되면, 불 때문에 생긴 이 사물들의 그림자가 동굴의 벽에 비춰지게 된다.

　그리고 거기에서 지나다니는 사람들이 내는 소리의 울림도 갇혀 있는 사람들의 귀에 들리게 된다. 이 갇혀 있는 사람들은 그림자와 울림 외의 다른 것을 알고 있지 못하기 때문에, 이들은 이런 모사를 참된 현실이라고 생각한다. 만약에 이들이 뒤를 돌아볼 수 있고, 여태까지는 그 그림자만 보고 있던 대상 자체를 직접 불빛 속에서 볼 수 있다면, 그리고 그 울림 대신에 소리 자체를 직접 들을 수 있다면 이러한 새로운 현실에 관해서 깜짝 놀라게 될 것이다. 그리고 또 이들이 한 걸음 더 나아가, 동굴에서 빠져나와, 태양 광선 속에서 살아있는 인간, 살아있는 동물 및 진짜 사물들 자체를 보게 된다면 완전히 다른 모습을 하고 있는 이런 현실 때문에, 눈이 부시게 될 것이다.

　그러나 이들이 동굴에 머물러 있는 죄수들에게, 너희들이 보고 듣고 하는 것은 본래적이고 참된 현실이 아니라고 설명해 준다면, 아마 아무도 이들을 믿지 않을 것이며, 이들을 비웃기만 할 것이다. 그리고 만약에 어떤 사람이 이 갇혀 있는 죄인들을 풀어 주고, 참된 세계의 빛으로 인도해 주려고 노력한다면 이 사람은 죽음을 당하게 될런지도 모른다. 그러나 그렇다고 하더라도 이 갇혀 있는 죄인들을 동굴 밖으로 끌어내지 않으면 안 된다. 사람들을 가상의 세계와 비유의 세계에서 해방시켜, 참된 존재에로 인도해 주는 것이 철학자의 과제이다. 그런데 이 참된 존재란, 물론 이 지상의 세계의 태양 밑에 있는 소위 실재적이고 시간공간적인 세계는 아니다. 이러한 세계도 역시 일종의 모사에 지나지 않는다. 진짜로 존재하고 있는 세계는 이데아의 세계뿐이다.

– 플라톤, 「국가론 제7권」 부분

'동굴의 비유'는 플라톤이 이데아론을 설명하기 위해 고안해낸 비유이다. 플라톤에 의하면 이데아(관념)는 감각 세계 너머에 있는 실재이자 모든 사물의 원형이다. 이데아는 지각되거나 시간에 의해 변형되거나 사라지는 것이 아니라 경험의 세계를 넘어서서 이루어지는 인식의 최고 단계를 지칭한다. 따라서 동굴 속의 사람들이 보고 있는 것은 안타깝게도 '이데아'가 아니다. 그래서 플라톤은 동굴 속 사람들이 보고 있는 것은 '실체'의 '그림자'라고 명명한다. 또한, 어리석게도 동굴 속 사람들은 그것을 실체(관념)라고 믿어 버리기도 한다고 말한다. '실체'를 옮겨 가는 사람들의 소리가 동굴의 안쪽에 반향하고, 이 믿음은 결국 확신으로 바뀐다고도 언급한다. 결국 플라톤은 동굴의 비유를 통해 우리가 현실에서 보고 있는 사물들의 본성은 이데아들의 상에 따라 만들어진 '그림자'에 지나지 않는다고 이야기한다.

01 '동굴의 비유'에서 이데아는 시간과 공간을 넘어서 영원히 불변하는 존재인 이상적 형상을 의미한다. 이는 우리 눈에 보이는 모든 사물은 이데아를 모방한 것으로, 모두 순간적일 뿐 아니라 덧없는 존재에 불과하게 된다. 그렇다면 현실에서의 우리의 삶과 사물들의 가치는 인정받을 수 없는 것인지 생각해 보자.

**02** 영화 『트루먼 쇼』는 플라톤이 이야기한 '동굴의 비유'의 모티프를 띠고 있다. 주인공 트루먼(짐 캘리 분)은 하루 24시간 생방송 되는 트루먼 쇼의 주인공으로 살면서, 자신이 속한 세계(스튜디오)를 벗어나지 못하는 인물로 묘사된다. 하지만 실비아라는 여자 친구를 통해 자신이 속한 세계가 가짜일 수도 있다는 사실을 깨닫는다. 결국 트루먼은 동굴로 비유되는 자신의 세계(스튜디오)를 벗어나게 된다. 플라톤의 입장에서 트루먼의 행위는 어떻게 평가받을 수 있는지 자신의 생각을 말해 보자.

## 4. 미학

    사회적으로 널리 공유되는 일반적 해석의 틀에 따라 사진을 읽어내는 방법은 우리가 오늘날 흔히 행하고 있는 사진 감상법이다. 바르트는 이를 스투디움이라 명한다. 우리가 사용하는 언어가 '사회적 약속'에 의한 기호 이듯이, 사진에서의 스투디움 역시 누구나 공감하는 객관적인 의미 속에서 이해되는 문화적 코드이다. 스투디움을 알아본다는 것은 사진을 사진작가의 의도대로 바라보는 것을 뜻하고, 보는 이는 단지 구경꾼에 지나지 않음을 의미한다. 설령 어떠한 감동이나 재미를 느끼지 못하더라도 사진 읽기에 있어 스투디움은 매우 중요하다. 스투디움을 알지 못할 경우, 사진 속 이미지가 곧 현실세계라는 수렁에 빠질 수 있기 때문이다. 하지만 스투디움만으로 사진의 본질을 이해할 수 있을까?

    이에 바르트는 스투디움과 반대되는 개념인 푼크툼을 제시한다. 푼크툼은 보편적이고 분석적인 맥락 이전에 보는 이의 개인적 취향이나 경험, 잠재의식 등과 연결돼 순간적으로 찾아오는 강렬한 자극을 말한다. 그는 "스투디움은 언제나 궁극적으로 약호화돼 있지만, 푼크툼은 그렇지 않다"며 "내가 이름 붙일 수 있는 것은 나를 진정으로 아프게 할 수 없지만, 이름을 붙일 수 없다는 것은 혼란의 좋은 징후"라고 말한다. 푼크툼은 사진을 보는 이에게 자신의 삶에 대한 경험을 동원하면서 스스로 사진의 의미를 구성해가는 '시니피앙스'를 느끼게 해준다. 사진의 진정한 본질은 바로 여기에 있다. 이렇듯 푼크툼은 지극히 주관적 감정이므로 푼크툼을 밝히는 것은 나 자신을 발가벗는 일이기도 하다.

    좀 더 이해하기 쉽게 바르트가 『밝은 방』에서 언급한 사진을 통해 두 개념을 살펴보자. 1926년, 제임스 반 데르 지가 찍은 미국의 한 흑인 가족 사진에서의 스투디움은 꽤 명확하게 드러난다. 이들은 형식과 격식을 차리고, 복장을 갖춰 입었다. 사진작가는 이를 통해 사진 속 인물들이 사회적 신분을 상승시키기 위해 백인 모습으로 치장한 것임을 알리고자 한다. 하지만 바르트는 이 사진이 흥미를 끌긴 하지만, 자신을 '찌르지'는 못한다고 말한다. 그를 찌르는 것은 사진에서 아주 세부적인 요소, 예컨대 여자의 넓은 허리띠, 뒷짐 진 여자의 팔, 끈 달린 여자의 구두였다. 이것이 바로 바르트가 과거의 흑인 유모를 떠오르면서 느낀 푼크툼이 된다.

– 고두리, 「스투디움과 푼크툼, '상식' 위에 '팔(feel)'을 꽂다」 부분

▷ 20세기 후반 롤랑 바르트(Roland Barthes)는 자신의 저서 『카메라 루시다』에서 사진의 본질을 치밀하게 탐구한다. 그가 내세운 두 개의 개념, '스투디움(studium)'과 '푼크툼(punctum)'은 이후 사진 이론의 패러다임이 바뀌는 데 큰 역할을 한다. 스투디움은 사진을 볼 때 사회적으로 공유되는 공통된 느낌을 말하며, 푼크툼은 관객이 자신의 개인적인 경험에 비추어 지극히 개인적으로 작품을 받아들이는 것을 말한다. 스투디움과 푼크툼은 별개의 시각적 경험이지만, 서로 상호관련적인 것도 사실이다. 푼크툼은 우연 발생적 경험이 아니라 스투디움을 해체하고 전복시키면서 생산되는 탈코드적인 시각체험이기도 하다. 롤랑 바르트가 푼크툼의 체험을 개인적인 이미지의 체험이 아니라 존재론적 체험으로 이해하는 이유는 푼크툼이 이행될 때만이 자신만의 새로운 시선과 새로운 의미가 창출되기 때문이다.

**01** 스투디움과 푼크툼의 정확한 의미를 찾아 보고, 푼크툼과 시니피앙의 관계에 대해 정리해 보자.

**02** 롤랑 바르트에 따르면, 스투디움을 파괴할 때 푼크툼이 발생하고, 그 속에서만이 새로운 의미가 창출될 수 있다고 본다. 하지만 이 과정이 반복되다 보면 푼크툼은 자연스레 스투디움으로 전락할 위험성이 내재되기 마련이다. 스투디움과 푼크툼의 경계가 느슨해지는 것을 막기 위해 우리가 할 수 있는 방법은 무엇이 있는지 고민하여 보자.

메모

# 제 9 장

## 사회과학

사회과학(社會科學, Social Science)은 사회적 현실 혹은 사실에 어떠한 법칙이 존재한다고 전제하고 그러한 법칙을 발견해 내려는 학문의 분과를 통칭하는 말이다. 이를 위해 과학적 방법을 추구하는데, 과학(科學, Science)이란 반복적인 실험을 통해 가설을 증명하여 앞으로의 변화를 예측하는 객관적 탐구의 체계를 뜻한다. 주로 자연계의 법칙을 설명할 때 과학적 방법이 동원되지만, 그러한 법칙성을 사회적 현상에도 적용할 수 있다는 믿음이 학자들 사이에 점차 확산되면서 20세기 초를 전후하여 '사회과학'이라는 말이 비로소 사용하되 시작하였다. 일반적으로 인류학, 사회학, 정치학, 경제학, 법학, 심리학, 지리학, 교육학 등과 이들로부터 파생된 인구학, 가족학, 정책학, 복지학, 경영학, 행정학, 언론학, 여성학 등이 사회과학의 주요 학문 분과라 할 수 있다.

# 1. 경제학

　영국의 곡물법은 식량 가격의 인상을 유발하지 않으면서도 자국의 농업 생산을 장려하고자 하는 목적에서 제정된 것으로, 이 법에 따라 영국 정부는 수입 곡물에 대해 탄력적인 관세율을 적용하여 곡가(穀價)를 적정하게 유지하고자 하였다. 그런데 나폴레옹 전쟁 이후 전시 수요는 크게 둔화된 반면, 대륙 봉쇄가 풀리면서 곡물 수입이 활발해짐에 따라 식량 가격은 하락하기 시작했다. 이에 농부들은 수입 곡물에 대해 관세를 더욱 높일 것을 요구하였다. 아울러 이러한 요구는 국력의 유지와 국방의 측면을 위해서도 국내 농업 생산 보호가 필요하다는 지주들의 주장에 의해 뒷받침되었다. 이와는 달리, 공장주들은 수입 곡물에 대한 관세 인상을 반대하였다. 관세가 인상되면 곡가가 오르고 임금도 오르게 되며, 그렇게 되면 이윤이 감소하고 제조품의 수출도 감소하여 마침내 제조업의 파멸을 초래하게 된다는 것이었다. 이에 공장주들은 영국의 미래는 농업이 아니라 공업의 확장에 달려 있다고 주장하면서 곡물법의 즉각적인 철폐를 요구하기에 이르렀다.

　이처럼 커다란 사회적 쟁점으로 부각된 곡물법의 폐지 여부를 둘러싸고 맬서스와 리카도는 날카롭게 대립하였다. 맬서스는 곡물의 수입 제한을 주장하였다. 곡물 수입은 곡가 하락을 초래하여 국내 농업에 타격을 주게 되는데, 이는 그렇지 않아도 부족한 식량 공급에 차질을 빚게 될 것이며, 이럴 경우 전쟁 등의 비상사태에 대비할 수 없게 됨으로써 경제가 불안정하게 된다는 주장이었다. 그뿐 아니라 맬서스는 곡가 하락이 상공업 발전에도 불리한 영향을 끼친다고 주장하였다. 왜냐하면 곡가가 하락하면 농업 이윤이 감소하고 이에 따라 농업 생산이 축소되면 농업 부문의 고용이 감소함은 물론, 지대의 감소에 따라 지주의 구매력이 감소하게 되어 결과적으로는 수요 부족에 따른 상공업 부진을 초래할 것이라고 생각했기 때문이다.

　반면, 리카도는 이른바 비교 우위론에 입각해 곡물 수입 개방을 주장하였다. 즉 농업 생산에서 영국보다 우위에 있는 프랑스의 곡물을 수입하는 대신, 영국은 그들보다 우위에 있는 다른 생산 활동을 하면 된다는 것이었다. 또한 곡가의 상승으로 인한 최대의 수혜자는 농부들이 아니라 지주들이 될 것이라고 보았다. 높은 곡가 때문에 지대가 인상될 것이며, 그렇게 되면 전체 국민소득 중 상당 부분이 지주들의 수중에 흘러 들어갈 것이기 때문이었다. 나아가 국가의 전체적인 생산 형태가 왜곡되는 결과를 초래할 것이라고 주장하였다. 두 주장 모두 그 나름의 경제적 논리를 지니고 있었지만, 지주와 귀족이 다수였던 당시의 영국의회는 맬서스의 주장대로 결국 곡물법을 폐지하지 않기로 결정하였다.

영국의 경제학자 맬서스(1766~1834)와 리카도(1772~1823)는 절친한 친구 사이였다. 맬서스는 "내 가족을 제외하고는 리카도보다 더 사랑한 사람은 없다."라고 고백할 정도로 우정이 깊었다. 그러나 경제 문제에서만큼은 한 치의 양보도 없이 격렬한 논쟁을 벌였다. 세계 경제사에서 가장 유명한 논쟁으로 손꼽히는 '곡물법 논쟁'이 바로 그것이다. 리카도가 경제학적 논의에 있어 추상적이고 선험적인 이론에 집중했다면, 맬서스는 사실과 자신의 직관에 준거하여 귀납적이고 직관적인 연구에 몰두한 것으로 알려져 있다. 영국의 경제학자 케인스는 만일 이 논쟁에서 맬서스가 승리하였다면 불황의 가능성을 인정하지 않는 고전파의 경제학은 존재하지 않았을 것이라고 예측하기도 했다. 나아가 경제 대공황 같은 위기는 결코 오지 않았을 것으로 주장했다.

**01** 맬서스와 리카도의 곡물법 폐지의 시발점이 된 정황은 무엇이었는지 생각해 보자.

**02** 맬서스가 '곡물의 수입을 제한'하자고 한 근거와 리카도가 '곡물의 수입을 개방'하자고 한 근거를 찾아 각각 정리하여 보자.

## 2. 법학

인격권은 권리자와 분리할 수 없는 인격에 관한 권리로서 성명권, 초상권, 명예권 등이 그 대표적인 예이다. 보도 목적 또는 사적으로 유명인의 성명이나 초상을 이용하는 경우에 인격권 침해가 발생할 수 있다. 그러나 유명인의 성명이나 초상의 이용은 표현 자유권 내지 알 권리와 관련하여 어느 수준까지는 허용할 필요가 있다. 그렇다고 하여 유명인의 성명이나 초상을 이용해서 상품을 선전하거나 혹은 상품에 부착하여 판매하는 경우까지도 보도 목적이나 사적인 이용과 동일하게 다룰 수는 없다. 유명인의 성명, 초상, 기타 주체성을 표시하는 상징이 상품에 부착되거나 서비스업에 이용되면 상품 판매와 영업 활동을 촉진하는 효과가 있다. 따라서 유명인의 성명이나 초상을 무단으로 이용할 경우, 인격권 침해 여부와는 별개로 해당 유명인의 성명, 초상이 가지고 있는 경제적 이익이 침해된다. 그러므로 유명인의 성명, 초상, 기타 주체성을 표시하는 상징이 가지고 있는 경제적, 금전적 가치를 권리로서 인정해야 할 필요가 있다. 이 권리를 퍼블리시티권(right of publicity)이라 한다. 다시 말해 퍼블리시티권은 성명이나 초상 그 자체가 아니라 성명이나 초상이 가지고 있는 재산권적 측면을 보호하고자 한다. 이 점에서 퍼블리시티권은 인격권과 대비된다.

우리나라에서는 1980년대 미국으로부터 퍼블리시티권이 소개된 이후 이에 관한 많은 논문들이 발표되었고, 그 정당성을 긍정하는 판례들이 등장하고 있다. 그러나 성문법 국가인 우리나라에서는 퍼블리시티권의 근거가 되는 명문의 법 규정이 없기 때문에 그 정당성을 둘러싼 논란이 그치지 않고 있다. 우선 퍼블리시티권의 인정을 찬성하는 쪽에서는 자연적 재산권 이론에 근거하여, 인간이 자기의 성명이나 초상을 상업적으로 이용할 수 있는 권리는 명문의 규정 여부를 불문하고 인정되어야 한다고 주장한다. 또한 찬성론자들은 퍼블리시티권을 인정하면 개인들이 자기의 성명이나 초상의 경제적 가치를 높이기 위해 노력할 것이므로 사회 전체적으로도 유익하다고 한다. 이외에 퍼블리시티권의 보호는 성명이나 초상의 무단 이용에 의해 발생할 수 있는, 권리자와 이용자 사이의 관계에 대한 소비자의 오해 가능성을 없앨 수 있다는 의견도 있다.

그러나 반대하는 쪽에서는 퍼블리시티권의 주체가 유명인에 한정된다는 점에서, 퍼블리시티권은 우연히 유명성을 얻은 자에 대해 지나친 보호를 인정하는 것이므로 타당하지 않다고 반박한다. 더 나아가 반대론자들은 퍼블리시티권을 인정하지 않더라도 초상권이나 성명권과 같은 인격권의 영역에서 관련된 갈등을 해결할 수 있기 때문에 퍼블리시티권이라는 새로운 권리를 만들 필요가 없다고 주장한다. 그리고 퍼블리시티권의 인정이 궁극적으로는 헌법상의 표현 자유권에 대한 억압을 초래할 수 있다는 점도 퍼블리시티권에 대한 반대 논거로 제시되고 있다.

이와 같은 찬반의 논란 속에서도, 개인의 성명이나 초상을 통해 쌓아 온 명성으로 재산적 이익을 추구할 권리를 퍼블리시티권으로 보호해야 한다는 의견이 확산되고 있다. 다만 권리자가 재산권으로서의 퍼블리시티권을 타인에게 자유롭게 양도하거나 상속하는 데는 일정한 한계가 있을 수밖에 없다. 왜냐하면 퍼블리시티권 역시 인격권과 동일하게 인격을 상징하는 성명이나 초상을 보호 대상으로 하며, 성명이나 초상의 이용을 권리 주체가 통제할 수 있어야 한다는 점에서, 여타의 재산권과 동일하게 취급하기가 어렵기 때문이다.

▶ 퍼블리시티권은 1953년 미국 제2연방항소법원의 제롬 프랭크 판사가 Haelan 사건 판결문에서 처음 사용한 용어이다. 퍼블리시티권이란 이름, 초상, 서명, 목소리 등의 개인의 인격적인 요소가 파생하는 일련의 재산적 가치를 권리자가 독점적으로 지배하고 허락 없이 상업적으로 이용하지 못하도록 통제할 수 있는 권리를 의미한다. 다시 말해 퍼블리시티권은 사람이 태어나면서 그가 가진 이름 및 초상이나 기타의 그를 특징지을 수 있는 동일성을 상업적으로 이용하고 통제할 수 있는 배타적 권리로 정리될 수 있다. 또한, 전통적으로 인정되던 프라이버시권 외에도 자신의 초상이 갖는 공개적 가치에 대한 또 다른 권리를 지시하기도 한다. 기존의 인격권인 초상권 등에 재산권의 개념을 도입한 의미로도 해석되기도 하지만, 그 권리를 양도하거나 사고팔 수 있는 상업적 이용의 요소를 핵심으로 하기 때문에 일반적인 인격

권과는 구별된다고 할 수 있다.

**01** 퍼블리시티권에 대한 찬성 입장과 반대 입장의 근거를 모두 제시하여 보자.

**02** 글쓴이는 마지막 단락 첫 문장에서 '찬반의 논란 속에서도, 개인의 성명이나 초상을 통해 쌓아 온 명성으로 재산적 이익을 추구할 권리를 퍼블리시티권으로 보호해야 한다는 의견이 확산되고 있다'라고 설명한다. 퍼블리시티권에 대한 글쓴이의 최종 입장은 무엇인지 추론하여 보자.

# 3. 사회학

멕시코의 콤파드라스고는 스페인의 식민지 통치 과정에서 가톨릭의 이식과 함께 형성되었다. 식민지 통치자들은 원주민에게 가톨릭을 강제하면서 원주민의 신체나 가족 관계들도 규제하였다. 식민지 초기에는 세례, 성체 성사, 결혼 등 개인의 종교 생활주기와 관련된 종교적이고 의례적인 대부자 관계가 중심이었다. 17, 18세기에 이르러 스페인의 식민지 지배가 약화되고 원주민 공동체의 자율성이 일정 정도 확보되자, 콤파드라스고는 원주민사회에 잔존하던 의례적 친족 제도의 요소와 혼합되어 변형과 재창조를 거듭하면서 종교적 제도를 넘어 하나의 사회 제도로 자리 잡게 되었다.

오늘날 멕시코에서는 각 지역의 독특한 사회 문화적 맥락에 따라 형성된 다양한 콤파드라스고가 존재한다. 성사 콤파드라스고만 하더라도 세례와 관련하여 반지, 음식 등 세례에 필요한 각 부분을 나누어 후원함으로써 여러 명의 대부모가 생겨나기도 한다. 그리고 콤파드라스고는 그 범위에서도 대자녀의 친부모뿐만 아니라 형제와 조부모에까지 확장되어 마을 사람들 다수가 의례적 콤파드라스고로 얽혀 있으며, 개인 간의 쌍대적(雙對的) 관계를 넘어 친척과 2, 3세대를 포괄하는 다대적(多對的) 관계로 확장된다. 한편 성사와 관계없는 비성사(非聖事) 콤파드라스고도 형성되는데, 이는 크게 사람을 매개로 한 관계와 수호성인상(守護聖人像)과 같은 물건을 매개로 한 관계로 나눌 수 있다. 전자는 종교적 의례가 없는 편이고 권리와 의무가 약할 뿐, 구조적 측면에서는 성사 콤파드라스고와 차이가 없다. 이에 비해, 후자는 물건을 매개로 하므로 물건과 대부모의 관계보다 물건 주인과 대부모가 맺는 관계가 중심축을 이루며, 이 경우 후원 여부에 따라 지속 기간은 매우 다양하다. 이런 변화는 콤파드라스고에서 대부자 관계보다 대부모와 친부모의 관계가 더 중심적인 역할을 하게 되었음을 의미한다. 결국 이러한 확장을 통해 콤파드라스고는 복합적이고 다중적인 '대부모-대자녀-친부모'를 묶는 체계로 자리잡게 된 것이다.

어떤 콤파드라스고에서는 친족 집단 내에서 대부모를 선택하여 부모,

형제, 조부모의 역할을 모방하고 그 유대관계를 지속시킨다. 또한 교회법에 따라 구성원 간의 금혼 규칙을 적용하기도 한다. 이것은 콤파드라스고가 친족 관계를 상징적으로 모방하는 제도, 즉 의사 친족 제도로서의 특징을 가지고 있음을 의미한다. 한편 다른 콤파드라스고에서는 많은 경우 대부모는 친족내에서 선택되지 않으며, 구성원 간의 금혼 규칙도 잘 지켜지지 않는다. 이런 사실은 콤파드라스고가 혈연에 기초하는 친족 제도에서 찾아보기 힘든 유연한 창조성과 확장성을 갖고 있음을 보여 준다. 결과적으로 콤파드라스고는 개인으로 하여금 가족이나 친족 관계를 넘어 사회적, 정치적 필요에 따라 새로운 관계망을 형성케 함으로써 내적통합과 외적 경계 짓기의 전략적 메커니즘으로 작동하며, 한정된 자원에 대한 접근을 용이하게 해 준다. 그리하여 핵가족이 증가하는 오늘날에도 콤파드라스고는 개인이나 가족이 사회적 관계를 획득하는 유효한 수단이 되고 있다.

▶ 일반적으로 친족은 생물학적 관계를 바탕으로 한다. 하지만 친족의 구성 양식과 범위는 사회에 따라 상이하며, 그런 점에서 친족은 사회 문화적으로 규정된 관계라고도 볼 수 있다. 어떤 사회에서는 극히 좁은 범위의 가까운 친족들로 친족 집단이 구성되기도 하는데, 이런 사회에서는 흔히 친족 관계를 보완하는 의사 친족 제도가 나타난다. 혈통에 따른 친족 집단이 아니라 가족 중심의 사회가 그것이다. 멕시코의 콤파드라스고 체계도 이런 제도의 하나라고 볼 수 있다. 콤파드라스고는 원래 가톨릭 교회에서 세례 등의 성사를 통해 '대부모-대자녀'라는 종교 의례적이고 정신적인 후원 관계, 즉 '파드리나스고(대부자 관계)'를 형성할 때, '대부모-친부모 관계'를 가리키는 말이었다. 하지만 오늘날에는 '대부모·대자녀·친부모'를 묶는 체계 전체를 가리키는 말로도 사용된다.

**01** 맥시코의 콤파드라스고가 사회 제도로 정착하게 된 이유를 글에서 찾아 정리해 보자.

**02** 콤파드라스고는 사회적 관계망을 형성하고 관계망에 들어오지 못하는 사람을 배제하여 더 많은 이익을 획득하기 위한 사회적 전략이다. 이는 콤파스라스고가 원주민 공동체의 전통과 이식된 종교적 제도의 결합에 기반을 두었기에 가능한 일이다. 그렇다면 복잡하고 다양한 현대사회에서도 콤파드라스고가 사회적 관계를 획득하는 유효한 수단이 될 수 있는지 생각해 보자.

## 4. 행정학

조선시대엔 왕실이나 종친 등 왕족 중에서도 상당수의 장애인이 존재했다. 조선의 제4대 왕인 세종은 평생 동안 소갈증과 풍습병 등 많은 질병에 시달렸는데, 특히 안질(眼疾) 곧 시각장애로 많은 고생을 했다. 참고로 조선시대 사람들은 시각장애를 안질, 즉 눈에 병이 있어서 그러한 것으로 생각했다. 세종이 본격적으로 시각장애를 입게 된 것은 35세 무렵부터인데, 45세부터는 더욱 심해져서 자주 온천에 가서 치료하기도 했다. 심지어 세종은 음침하고 어두운 곳은 지팡이가 없으면 걷기가 어려울 정도라고 말하였다.

제14대 왕인 선조는 계속 심질 혹은 광질, 다시 말해 정신장애 중 정신분열증에 시달렸다. 선조의 심질은 37세인 1588년부터 본격적으로 거론하기 시작하는데, 1592년 임진왜란이 일어나자 선조의 심질은 더욱 악화된다. 급기야 전광증 곧 광인이 되어 가는데, 그래서 계속 세자에게 왕위를 물려주겠다고 호소하였다. 제19대 왕인 숙종도 56세부터 시각장애를 입게 되었다. 왼쪽 눈은 거의 실명에 가까웠고, 오른쪽 눈은 보이기는 하나 뚜렷하게 보이지 않았다. 이후 숙종의 시각장애는 더욱 심해져서 왼쪽뿐만 아니라 오른쪽 눈마저도 전혀 물체를 볼 수 없게 되었다. 그리하여 숙종 44년(1718) 세종 때의 전례에 따라 세자로 하여금 대리청정하게 하였다. 조선의 마지막 왕인 순종은 자폐증을 갖고 있었던 듯하다. 얼굴에 표정이라곤 거의 없었고 주변의 일에도 관심이 없었는데, 사물의 형태나 이름에 대해선 놀라운 기억력을 갖고 있었다고 한다.

조선시대엔 장애를 갖고 있다 할지라도 능력만 있다면 오늘날의 장관이나 국무총리에 해당하는 벼슬까지 오를 수 있었다. 세종대의 정치사에서 황희와 더불어 빼놓을 수 없는 인물이 있다. 그는 바로 조선 건국 후 예악을 정비하고 국가의 기틀을 마련하는데 큰 공을 세운 허조(許稠, 1369~1439)였다. 이후 허조는 좌의정에 오를 만큼 세종의 큰 신임을 받았는데, 그는 원래 어려서부터 체격이 왜소하고 어깨와 등이 구부러진 곱추, 즉 척추장애인이었다. 권균(權鈞, 1464~1526)은 중종반정에 참여하여 정국

공신 4등에 녹공되고 영창군에 봉해진 인물이다. 이후에도 그는 좌찬성, 이조판서, 우의정에 임명되고 영창부원군에 봉해졌다. 이러한 권균에게도 한가지 고질병이 있었으니 바로 간질 장애인이었던 것이다. 윤지완(尹趾完, 1635~1718)은 숙종대의 문신으로, 기개와 도량이 뛰어나고 청렴 검소하여 많은 사람들의 신망을 받았다. 1682년 통신사로 일본에 다녀왔는데, 이후 풍증으로 한쪽 다리를 잃고 지체장애인이 되었다. 하지만 벼슬은 더욱 현달하여 우의정이 되고 청백리에 뽑혔다. 그래서 사람들이 '일각정승 (한쪽 다리의 정승)'이라 불렀다.

이외에도 영, 정조 때의 명재상이었던 채제공(蔡濟恭, 1720~1799)은 한쪽 눈이 사시이자 앞이 보이지 않는 시각장애인이었다. 또한 이덕수(李德洙, 1577~1645)는 영조 때의 문신으로, 내직으로는 대사성과 대제학, 대사헌, 이조판서, 공조판서, 형조판서 등을 지냈고, 외직으로는 개성유수를 지냈다. 심지어 그는 동지정사로 청나라에 다녀오기도 했다. 하지만 그는 귀가 어두워 소리를 듣지 못하는 청각장애인이었다.

– 정창권 「조선시대 장애인 그들에게 사회적 장애는 없었다」 부분

조선시대 장애인에 대한 인식과 복지정책은 오늘날과 비교해도 결코 뒤처지지 않는다. 조선의 왕들은 장애가 있더라도 직업을 갖고 자립생활을 하도록 권하였다. 예컨대 조선후기의 실학자 최한기는 『인정』에서 어떤 장애인이라도 배우고 일할 수 있어야 한다고 주장하기도 했다. 북학파의 선구자 홍대용도 『담헌서』에서 '소경은 점치는 데로, 궁형 당한 자는 문지키는 데로 돌리며, 심지어 벙어리와 귀머거리, 앉은뱅이까지 모두 일자리를 갖도록 해야 한다'고 그 처지에 맞는 역할을 강조한다. 장애인을 부속건 사회적 약자로 여기면서 집안이나 복지시설에 유폐시킨 채 장애 수당만 지급하면 끝이라는 오늘날과는 사뭇 대조적이었던 것이다.

**01** 장애인을 천시했던 서양이나 장애인을 무조건 사회적 약자로 여기면서 집안
이나 복지시설에 유폐하는 오늘날과는 달리 조선은 장애인에 대한 선진적인
복지정책을 시행하였다. 조선이 장애인에 대해 편견과 차별을 없앨 수 있었
던 근본적인 전제조건이 무엇인지 정리해 보자.

**02** 글의 전개방식으로 보아 오늘날의 장애 복지정책을 바라보는 글쓴이의 관점은 어떠할 것인지 이 글의 결론을 예측하여 보자.

메모

# 제 10 장
# 자연과학과 기술

　자연과학(自然科學, Natural Science)은 한마디로 '앎의 틀'을 바탕으로 하여 물질세계에 대한 새로운 정보들을 담아내는 '앎의 체계'라 할 수 있다. 자연계에는 이미 우리에게 친숙해진 현상들이 많이 있으나, 우리가 미처 찾아내지 못한 현상들 또한 무궁무진하다. 이러한 현상들을 자연과학에서는 이 '앎의 틀'을 바탕으로 설명해 내고 또 탐색해 나간다. 가장 작은 요소인 기본 입자로부터 원자, 분자, 각종 물질들의 구성과 변화, 그리고 이를 토대로 형성되는 생명 현상, 더 나아가 지구와 태양을 비롯한 우주 내의 수많은 천체들에 이르기까지 이 모든 것에 대한 정보를 수집하고 분석하는 것이다. 물리학, 화학, 생물학, 천문학, 지질학, 수학, 해양학, 기상학 등이 자연과학의 주요 학문 영역이다.

　한편, 자연과학의 성과를 실생활의 편의에 맞게 응용하는 분야를 기술 또는 기술학(Engineering)이라 지칭한다.

# 1. 생물학

직선은 1차원이고 평면은 2차원이며 공간은 3차원이다. 우리는 공간 속의 존재이므로 3차원 세계에 살고 있다. 3차원 존재인 인간이 다른 차원의 세계가 존재하는지에 대해 의식할 수 있을까? 2차원 세계에서의 삶을 다룬 애벗의 「평지(Flatland)」와 같은 소설이 벌써 한 세기 전에 나온 적도 있기 때문에, 사실 2차원 세계는 낯설지 않다고 할 수 있다.

그러나 2차원 세계에 과연 지적인 생명체가 존재할 수 있을까 하는 물음은 소설과는 다른 문제라고 할 수 있다. 지능은 2차원에서 실현 불가능할 정도로 상호 작용이 복잡한 뇌 구조를 요구하므로 적어도 3차원이 필요하다는 주장이 가능하기 때문이다. 그러나 컴퓨터 기술의 발달로 이런 주장이 반박되고 있다. 컴퓨터에서는 3차원에서의 교차와 정확하게 똑같은 기능을 제공하는 2차원에서의 '교차점'을 구성할 수 있기 때문이다. 컴퓨터 과학을 이해하는 사람은 이런 장치를 쉽게 설계할 수 있으며, 이렇게 설계된 2차원 컴퓨터도 우리의 컴퓨터와 똑같이 작동할 수 있다. 다만 교차를 위해 추가된 회로 때문에 연산이 지연될 뿐이다. 그렇다면 이런 회로와 유사한 생물학적인 2차원의 뇌도 생각해 볼 수 있지 않을까?

캐나다의 컴퓨터 과학자 듀드니는 2차원 세계를 지배하는 과학적 법칙을 체계적으로 조사했다. 그는 2차원 세계를 플래니버스(Planiverse)라 부르고, 플래니버스를 모의 실험할 수 있는 상당히 발전된 형태의 컴퓨터 프로그램을 만들었다. 그는 평평한 원판 모양의 아드(Arde)라는 행성을 설정하고, 그곳의 거주자를 아디언(Ardean)이라고 했다. 우리가 구형인 지구의 표면에 살고 있듯이, 아디언은 아드의 테두리에 살고 있다.

듀드니는 아디언의 모습이 아래 그림과 같을 것이라고 추정했다. 그에 따르면 아디언은 지구의 곤충처럼 외부 골격을 갖는데, 그 이유는 내부에 골격이 있으면 몸 안에서 피의 흐름에 방해가 되기 때문이다. 또 아디언은 몸의 반대쪽에 있는 손을 다른 쪽으로 옮길 수 없기 때문에 몸의 양쪽에 각각 두 개의 팔이 달려 있다. 소화 기관은 몸의 전체를 관통하지 않는다. 그렇게 되면 몸이 두 부분으로 나누어지기 때문이다. 그래서 그들의 소화 계통은 우리와 다르게 작용한다. 실제로 그들 몸의 기능 대부분은 인간과 다르다.

아디언의 행동 방식 또한 인간과 아주 다르다. 예를 들면, 두 아디언이 만나서 서로 지나쳐 가려면, 한 사람은 다른 사람 위로 올라가야 한다. 아드의 모든 건물은 아디언들이 여행할 때 건물 위로 올라가야 하는 번거로움을 피하기 위해 지하에 건설해야 할 것이다. 또, 아드에서는 자동차와 같이 바퀴를 이용해서 이동하는 기계는 없을 것이다. 원형 바퀴를 만들 수는 있지만, 그것에 축을 붙일 수 없기 때문이다. 그렇지만 날개의 단면과 같은 모양의 비행기는 만들 수 있다.

듀드니는 컴퓨터 모의 실험을 통해 아디언의 기술이 특이하기는 하지만 놀랄 만큼 진보할 수 있음을 확인하고, 이를 바탕으로 실제 세계와 대단히 유사한 아디언의 '세계'를 창조했다. 그래서 듀드니는 지적인 생명체가 살고 있는 2차원 세계의 존재 가능성이 밝혀졌다고 주장했다.

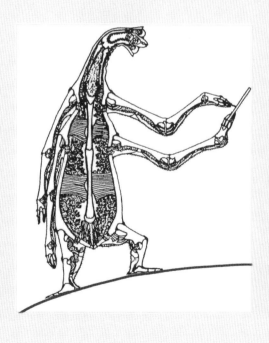

인류는 지구 밖에 우리가 모르는 또 다른 생명체가 존재하는지 여부에 대해 끊임없이 탐구해 왔다. 우주로 전파를 발사하여 그 반응을 기다리거나 우주 탐사선을 보내 생명체가 살아갈 수 있는 환경을 조사하는 것 등이 그러한 탐구의 일환이다. 이와 같은 작업은 생명체의 존재 조건이란 과연 무엇인가라는 근본적인 물음을 촉발한다. 생명체가 존재하기 위해서는 반드시 입체적인 공간이 전제되어야 하는가라는 문제도 그 가운데 하나이다. 가로와 세로로만 이루어진 2차원의 평면에서도 납작하기는 하지만 충분히 지적인 생활을 영위하는 생명체가 살아갈 수 있다는 가능성이 최근의 과학적 성과를 바탕으로 제기되고 있다. 물론 이론적 차원의 가설이기는 하나, 생명체에 대한 우리의 고정 관념을 되짚어 보는 데 그러한 가설은 충분히 가치 있는 시각을 제공한다.

**01** 만일 아디언과 같은 2차원적 생명체가 실제로 존재한다면 그들의 신체나 행동 방식이 어떠할지 보다 구체적으로 상상하여 아래에 적어 보자.

**02** 2차원에서도 지적인 생명체가 무리 없이 살아가면서 놀랄 만큼 기술을 발전시킬 수 있다는 윗글의 내용이 타당한지 나름의 관점으로 비판해 보자.

## 2. 천문학

1690년부터 1781년 사이에 적어도 17회에 걸쳐 유럽 최고의 몇몇 관측자를 비롯한 많은 천문학자들이 지금의 천왕성 궤도 자리에서 별 하나를 보았다. 이 그룹에서 가장 뛰어난 한 관측자는 실제로 1769년에 나흘 밤을 연달아 그 별을 보았으나, 그 정체를 알려줄 수도 있었을 별의 운행에 대해서는 알아내지 못했다. 12년이 지난 뒤 바로 그 물체를 처음 관측하면서 윌리엄 허셸(William Herschel)은 자신이 손수 만든 훨씬 개량된 망원경을 사용하였다.

그 결과 적어도 별 모양으로서는 상당히 보기 드문 뚜렷한 원반체를 알아 볼 수 있었다. 무언가 잘못된 것이었으므로, 그는 판정을 미루고 더 자세히 조사하게 되었다. 조사한 결과, 별들 가운데서 천왕성의 운행을 밝혀내게 되었고, 따라서 허셸은 자기가 새로운 혜성을 보았다고 공표하였다. 관측된 운행을 혜성의 궤도에 맞추려는 부질없는 시도 끝에, 얼마 지나지 않아 허셸은 그 궤도가 행성인 것 같다고 제안하는 사태가 벌어졌다. 그 주장은 수용되었다.

천문학자의 세계에는 몇 개 줄어든 항성과 하나가 늘어난 행성이 존재하게 되었다. 거의 한 세기 동안 관측되었다 말았다 했던 천체가 1781년 이후에는 달리 보이게 되었다. 그 이유는 그것이 종래의 패러다임에 의해 제공되는 지각 작용의 범주(항성 또는 혜성)에 더 이상 들어맞을 수가 없었기 때문이었다. 천문학자들로 하여금 행성인 천왕성을 볼 수 있도록 한 시각의 변환은 이미 관측된 이 물체의 지각에만 영향을 미쳤던 것 같지는 않다. 그에 따른 결과는 보다 광범위했다.

허셸에 의해 야기된 소규모의 패러다임 변화는 1801년 이후 천문학자들이 여러 소행성들을 급속히 발견하도록 하는 데 도움이 됐던 것 같다. 그 크기가 작았던 까닭에 소행성들은 허셸을 놀라게 했던 이상 현상으로의 확대는 보이지 않았다. 그럼에도 불구하고 행성을 더 찾아낼 준비가 된 천문학자들은 표준 기구를 써서 19세기의 전반 50년 동안 20개의 행성을 확인할 수 있었다.

이 외에도 천문학사에는 과학적 지각에서 패러다임이 유발한 변화에 대한 각기 다른 사례들이 많이 있으며, 그 중 몇 가지는 좀 더 확실해 보인다. 예를 들면 코페르니쿠스의 새로운 패러다임이 처음 제안된 후 반세기 동안 서구 천문학자들이 종래에는 불변이라 여겼던 천상 세계에서 변화를 처음 목격했던 것이 우연일 수 있을까? 전통적인 천문 기구를 사용하면서, 16세기 말기의 천문학자들은 그 이전에는 불변의 행성과 항성에게만 허용되던 공간에서 멋대로 떠돌아다니는 혜성들을 계속 발견하고 있었다. 옛 대상을 옛 기기로 관측하면서 천문학자들이 그토록 쉽고 빠르게 새로운 것들을 보았다는 사실은, 코페르니쿠스 이후의 천문학자들이 전과는 다른 세계에 살게 되었다는 것을 말해 준다.

천체(天體, celestial body)의 구조와 운행에 대한 관심은 인류의 역사와 함께 시작되었다고 해도 과언이 아니다. 일례로 별자리는 신화의 재료가 되기도 하고 항해의 길잡이가 되기도 하였다. 또한 천체의 주기적 변화는 절기를 판단하기 위한 표지가 되어 왔다. 서구에서는 근대 초기에 접어들어 천체 망원경이 개량되면서 천체에 대한 관측이 본격적으로 시작된다. 이에 따라 종래에는 미처 알지 못했던 여러 천체들이 발견되어 우주에 대한 지식이 대폭 확장된다. 그러나 그 과정이 순탄했던 것만은 아니다. 기존의 천체들과는 전혀 다른 성격을 지니거나 전혀 다른 움직임을 보이는 새로운 천체가 발견되기라도 하면 우주의 생성 과정이나 체계에 대한 가설 자체를 바꾸어야 하는 일이 종종 발생하고는 했기 때문이다. 이른바 패러다임의 변화가 필연적으로 뒤따랐던 것이다. 천문학의 역사는 바로 그러한 패러다임의 변화가 연속되어 온 과정이라 할 수 있다.

**01** 윗글을 깊이 있게 이해하기 위해 필요한 개념인 '행성', '항성', '혜성', '패러
다임'의 뜻을 찾아 정리해 보자.

**02** 천문학 분야 이외에, 패러다임의 변화가 인류의 삶이나 학문에 큰 영향을 끼친 사례로는 또 무엇이 있을지 생각해 보자.

## 3. 기상학

해에 따라서 혹서 또는 저온의 여름이 출현하고, 겨울의 기온과 강설량에도 큰 편차가 나타난다. 그런데 이러한 계절 기후의 특성을 미리 예측하는 일은 매우 어렵다. 수일 이내를 대상으로 하는 단기 예보의 정확도에 비하여, 예측 대상 기간을 1개월 이상으로 하는 장기 기후 예측의 정확도는 많이 떨어진다. 그 이유가 무엇일까?

우선 장기 기후 변화는 해양의 영향을 많이 받는데, 해수 온도의 장기적 변화를 예측하기 어렵다는 사실을 들 수 있다. 해양의 열용량은 육지보다 훨씬 크며, 대기의 열용량의 사백 배에 달한다. 난류의 영향을 크게 받는 북유럽은 같은 위도대에 위치하면서 난류의 영향을 받지 않는 다른 지역에 비하여 평균 기온이 훨씬 높고 일교차와 연교차가 작다는 사실을 생각해 보면, 해류가 기후에서 차지하는 비중을 짐작할 수 있다. 그래서 기후 예측의 대상 기간이 길수록 해양의 상태를 파악하는 일이 중요하다. 대기에 직접 영향을 미치는 것은 해수 표면의 온도인데, 표면 온도를 포함하여 해수의 온도는 해류 운동에 의해 결정된다. 문제는 해류 운동이 매우 불규칙하여 해수 온도의 공간 분포를 예측하기가 어렵다는 점이다. 해류 운동에는 다양한 주기를 가진 여러 인자들이 관여하기 때문이다. 어떤 인자는 100년 이상의 주기를 보이기도 하는데, 이들이 서로 간섭하여 상승 혹은 상쇄 효과를 내며 해류 운동의 불규칙성을 낳는다.

해양 수중 온도의 관측이 기술적·경제적으로 어렵다는 사실도 그 이유가 된다. 대기와 달리 해수는 전자기파를 잘 흡수하는 성질이 있어 수중에서는 전자기파를 통한 원거리 정보 전달이 어렵기 때문에 기상 관측에서 사용하는 라디오존데와 같은 기구를 사용하기 힘들다. 따라서 직접 배를 타고 현장에 나가 관측을 해야 하는데, 여기에는 많은 시간과 비용이 소요된다는 난점이 있다. 그래서 수중 온도 분포 자료가 기후 예측에 매우 중요한데도 실효성이 있는 자료를 기후 예측 모델의 입력 자료로 사용할 수 없는 실정이다.

해양-대기의 상호 작용 메커니즘에 관한 이해 부족도 간과할 수 없는 요인이다. 바람은 해수 온도의 공간 분포 차이로 발생하고, 발생한 바람은 해류를 만들어 해수 온도 분포를 바꾼다. 즉, 바람과 해류는 서로 발생의 원인으로 작용하는 인과적 상호작용을 한다. 그런데 그 메커니즘을 구체적으로 이해하려고 하면 그 관계가 명료하게 규명되지 않는 경우가 많다. 예를 들어 세계 각지에 이상 기후를 발생시키는 엘니뇨현상의 경우, 그것을 유발하는 해류와 바람의 상호 작용에 대한 이해가 부족하기 때문에 다음번 엘니뇨현상이 언제 발생할지를 제대로 예측하기는 어렵다.

　　기후 시스템이 카오스적 성질을 가지고 있다는 것도 장기 기후 예측을 어렵게 한다. 카오스적 성질이란 초기 조건의 미미한 차이가 시간이 지남에 따라 예상할 수 없는 방향으로 급속히 확대되어, 초기에는 같은 것처럼 보였던 상태가 나중에는 전혀 다른 상태로 변해 가는 성질을 말한다. 이러한 성질을 갖는 시스템은 시간에 따라 불규칙하게 변화하기 때문에 두 번 다시 똑같은 상태가 나타나지 않는다. 기후 모델의 입력 자료로 사용되는 기상 관측 자료에는 필연적으로 오차가 포함되기에, 예측 기간이 길어질수록 예보 결과는 사실과 동떨어진 결과를 산출하게 된다.

▷ 일기예보가 부정확해서 피해를 보았다는 볼멘소리를 주위에서 자주 듣게 된다. 흔히 기상청의 무능함을 탓하고는 하지만, 아무리 뛰어난 예보관이 존재한다고 해도 일기를 정확히 예견하기란 아무래도 어려운 일이다. 하물며 예측의 대상이 하루 이틀 후의 날씨가 아니라 월이나 계절 단위의 기후라면 정확도는 더욱 떨어지기 마련이다. 모든 자연현상은 비선형성(non-linearity)을 지니고 있기 때문이다. 원인과 효과 사이에 정확한 비례 관계가 발견되지 않는 특징을 비선형성이라 하는데, 기후야말로 비선형성을 보이는 가장 대표적인 자연현상이라 할 수 있다. 요즘 많이 쓰이는 '나비효과(butterfly effect)'라는 말도 본래는 기상 관측의 어려움을 나타내기 위해 창안한 개념이다. 브라질에서 나비가 날갯짓을 하면 미국에서 토네이도가 발생할 수도 있다는 발상에서 드러나듯, 정확한 기후 예측을 하기 위해서는 나비의 날갯짓

과 같은 아주 미세한 자연계의 변화까지도 모두 파악해야만 한다는 것이다.

**01** 장기 기후 예측이 어려운 이유를 윗글에서 찾아 요약해 보자.

**02** 위와 같은 난점들이 존재함에도 불구하고, 현재 주어진 여건에서 장기 기후 예측의 정확성을 보다 높이기 위해서는 당장 어떠한 방법이 필요할지 생각해 보자.

## 4. 기술

　휴대전화를 뜻하는 영어 단어 '셀룰러폰(Cellular Phone)'은 이동 통신 서비스에서 하나의 기지국이 담당하는 지역을 '셀(Cell)'이라고 말한 것에서 유래하였다. 이동 통신은 주어진 총 주파수 대역폭을 다수의 사용자가 이용하므로 통화 채널당 할당된 주파수 대역을 재사용하는 기술이 무엇보다 중요하다.

　이동 통신 회사들은 제한된 주파수 자원을 보다 효율적으로 사용하기 위하여 넓은 지역을 작은 셀로 나누고, 셀의 중심에 기지국을 만든다. 각 기지국마다 특정 주파수 대역을 사용해 서비스를 제공하는데, 일정 거리 이상 떨어진 기지국은 동일한 주파수 대역을 다시 사용함으로써 주파수 재사용률을 높인다.

　예를 들면, 아래 그림은 특정 지역에 이동 통신 서비스를 제공하기 위하여 네 종류의 주파수 대역(F1, F2, F3, F4)을 사용하고 있다. 주파수 간섭 문제를 피하기 위해 인접한 셀들은 서로 다른 주파수 대역을 사용하지만, 인접하지 않은 셀에서는 이미 사용하고 있는 주파수 대역을 다시 사용하는 것을 볼 수 있다. 이렇게 셀을 구성하여 방대한 지역을 제한된 몇 개의 주파수 대역으로 서비스할 수 있다.

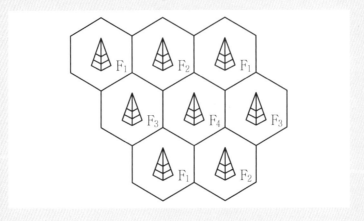

하나의 기지국이 감당할 수 있는 최대 통화량은 일정하다. 평지에서 기지국이 전파를 발사하면 전파의 장은 기지국을 중심으로 한 원 모양이지만, 서비스 지역에 셀을 배치하는 시스템 설계자는 해당 지역을 육각형의 셀로 디자인하여 중심에 기지국을 배치한다.

기지국의 전파 강도를 조절하여 셀의 반지름을 반으로 줄이면 면적은 약 1/4로 줄어들게 된다. 따라서 셀의 반지름을 반으로 줄일 경우 동일한 지역에는 셀의 수가 약 4배가 되고, 수용 가능한 통화량도 약 4배로 증가하게 된다. 이를 이용하여 시스템 설계자는 평소 통화량이 많은 곳은 셀의 반지름을 줄이고 통화량이 적은 곳은 셀의 반지름을 늘려 서비스 효율성을 높인다.

휴대전화가 없는 일상을 상상하기 어려울 정도로 휴대전화는 현대인의 필수품이 되었다. 우리는 언제 어디서나 휴대전화로 별다른 불편 없이 통화하고 메시지를 주고받는다. 이러한 서비스는 곳곳에 설치된 기지국에서 끊임없이 전파를 발사하고 있기 때문에 가능하다. 그런데 전파의 주파수는 한정되어 있어서 이미 쓰고 있는 주파수 대역을 다른 지역에서 다시 활용할 수밖에 없다. 이때 혼선이 발생하지 않도록 주파수 대역을 적절히 배당하는 일이 중요하다. 한편, 주파수 대역과 더불어 추가로 고려해야 할 사항은 전파의 강도와 통화량이다. 이동통신사들은 모든 지역에서 안정적으로 통화가 이루어질 수 있도록 조치해야 하지만 가급적 적은 기지국을 설치하여 비용을 줄이려고도 한다. 때문에 각 기지국이 관할하는 서비스 지역이 겹치지 않도록 설계하여 효율성을 높이려 한다.

**01** 휴대전화로 통화가 제대로 되지 않았던 경험들을 떠올려 보고, 그 이유가
무엇이었을지 윗글의 내용을 바탕으로 추정해 보자.

**02** 윗글에 포함된 그림은 담당 기지국마다 통화량이 일정하다는 전제로 작성된 것이다. 만일 특정 지역의 통화량은 많고 다른 지역의 통화량은 적다면 윗글의 그림이 어떤 방식으로 바뀌어야 할지 생각해 보자.

참고문헌

고은미 외, 『멀티미디어 시대의 전략적 글 읽기』, 글누림, 2006.

김영하, 『포스트잇』, 현대문학, 2005.

김용준 외, 『스무 살에 선택하는 학문의 길』, 아카넷, 2005.

김정운, 『에디톨로지』, 21세기북스, 2014.

문중양, 『우리 역사 과학 기행』, 동아시아, 2006.

백선기, 『대중문화: 그 기호학적 해석의 즐거움』, 커뮤니케이션북스, 2004.

법정, 『무소유』, 범우사, 2002.

변혜정 편, 『섹슈얼리티 강의, 두 번째』, 동녘, 2006.

서춘수, 『부자의 꿈을 꾸어라』, 새로운제안, 2003.

성석제, 『소풍』, 창비, 2006.

소강춘 외, 『속해독서법』, 글누림, 2007.

수제·진홍수, 『내 안의 마음습관 길들이기』, 김경숙 역, 유아이북스, 2014.

오창섭, 『근대의 역습』, 홍시, 2013.

요내, 『중국 옛 문장가의 논술쓰기』, 신성출판사, 2007.

유영만, 『브리꼴레르』, 쌤앤파커스, 2013.

이경화, 『읽기교육의 원리와 방법』, 박이정, 2001.

이성복, 『뒹구는 돌은 언제 잠 깨는가』, 문학과지성사, 1992.

이어령, 『디지로그』, 생각의 나무, 2006.

이원준, 『기출문제의 비밀코드』, 메가엠디, 2011.

이원희, 『어떻게 읽고 쓸 것인가』, 한국문화사, 2002.

이윤기, 『조르바를 춤추게 하는 글쓰기』, 웅진지식하우스, 2013.

이은희, 『과학 읽어주는 여자』, 명진출판, 2003.

이인식, 『NANO : 나노 기술이 미래를 바꾼다』, 김영사, 2002.

이재범, 『책으로 변한 내 인생: 책 속에 모든 답이 있다』, 평단문화사, 2014.

이정우 외, 『철학으로 매트릭스 읽기』, 이룸, 2003.

장스완, 『모략의 기술』, 유아이북스, 2015.

전정재, 『독서의 이해』, 한국방송출판, 2001.

정민, 『오직 독서뿐』, 김영사, 2013.

정재서, 『이야기 동양신화』, 황금부엉이, 2004.

조세희, 『내 그물로 오는 가시고기』, 솔, 1996.

진중권, 『호모 코레아니쿠스』, 웅진지식하우스, 2007.

최정태·양재한·도태현, 『문헌분류의 이론과 실제』, 2판, 부산대 출판부, 1999.

탁석산, 『철학 읽어주는 남자』, 명진출판, 2003.

한철우 외, 『과정중심 독서교육』, 교학사, 2001.

형지영, 『통합적 독서교육』, 인간과자연사, 2001.

괴테, Johann, 정광섭 역, 『파우스트』, 중판, 홍신문화사, 1998.

루카치, 게오르크, 『루카치 소설의 이론』, 반성완 역, 심설당, 1998.

맥코맥, 조셉, 『브리프』, 홍선영 역, 더난출판사, 2015.

시튼, E. T., 『시튼 동물기』, 햇살과 나무꾼 역, 논장, 2014.

월크, 로버트 L.,. 『아인슈타인이 이발사에게 들려준 이야기』, 이창희 역, 해냄출판사, 2001.

윌슨, 데이비드 슬론, 『진화론의 유혹』, 김영희 외 역, 북스토리, 2009.

카, E.. H., 『역사란 무엇인가』, 김택현 역, 까치, 1997.

캔턴, 제임스, 『테크노 퓨처』, 허두영 역, 거름, 2001.

코엘료, 파울로, 『연금술사』, 최정수 역, 문학동네, 2001.

Irwin, J. W., 『독서지도론』, 천경록·이경화 역, 2판, 박이정, 2003.

# 저자 소개

## 김세림

한양대학교 국어교육과 강사

주요 논저: 「학술 담론과 교육 담론의 거리에 대한 비판적 성찰」(공저)
　　　　　「설득형 시조의 담화구조 연구」 외

## 김승우

이화여자대학교 국어국문학과 교수

주요 논저: 『19세기 서구인들이 인식한 한국의 시와 노래』
　　　　　『조선시대 시가의 현상과 변모』 외

## 박정미

前 전주대학교 기초융합교육원 객원교수

주요 논저: 『멀티미디어 시대의 전략적 글 읽기』(공저)
　　　　　『매혹적인 말하기와 프레젠테이션』(공저) 외

## 박현진

전주대학교 한국어문학과 교수

주요 논저: 『한국어 교육과 비판적 문식성』
　　　　　『학문 목적 한국어 학습자를 위한 읽기·쓰기 연구』

[개정판]

# 전략적 글 읽기

개정판 1쇄 발행 2019년 8월 30일
개정판 2쇄 발행 2021년 8월 20일

지은이 김세림·김승우·박정미·박현진
펴낸이 최종숙
책임편집 이태곤 | 편집 권분옥 문선희 임애정 강윤경
디자인 안혜진 최선주 이경진 | 마케팅 박태훈 안현진
펴낸곳 글누림출판사 | 등록 2005년 10월 5일 제303-2005-000038호
주소 서울시 서초구 동광로46길 6-6(반포4동 577-25) 문창빌딩 2층(우06589)
전화 02-3409-2055(편집부), 2058(영업부) | 팩시밀리 02-3409-2059
전자우편 nurim3888@hanmail.net
홈페이지 http://www.geulnurim.co.kr
ISBN 978-89-6327-574-1 93700

정가 12,000원